Kannst du dich mit der Haltung vollständiger Eigenverantwortung anfreunden?
Das bedeutet nicht nur, dass du aufhörst damit

→ Erwartungen an deine Umwelt zu stellen,
→ Schuld zuzuweisen,
→ dich auf „das Schicksal" oder deine Ohnmacht zu berufen.

Es bedeutet auch, dass du mit allem, was dir zur Verfügung steht, dafür sorgst

→ Klarheit über dich, dein Wesen und deine Möglichkeiten zu finden,
→ Umstände, die dir nicht gefallen, durch Positions- oder Haltungswechsel so zu verändern, dass sie dir entsprechen,
→ dir und den deinem Wesen innewohnenden Idealen treu zu bleiben.

Es bedeutet, ein selbstbestimmtes Leben zu führen und die Fülle deines Lebens zu entfalten.

Evelin Liven Rosenfeld

Was dir wirklich wichtig ist

Das Arbeitsbuch zum Personal Empowerment

Junfermann Verlag • Paderborn
2004

Satz: JUNFERMANN Druck & Service, Paderborn

Bibliografische Information der Deutschen Bibliothek
Die Deutsche Bibliothek verzeichnet diese Publikation in der Deutschen Nationalbibliografie; detaillierte bibliografische Daten sind im Internet über http://dnb.ddb.de abrufbar.

Personal Empowerment® ist ein eingetragenes Warenzeichen

ISBN 3-87387-587-X

Inhalt

I.

Willkommen auf dem Weg deines Herzens und deiner Kraft – auf deinem ganz persönlichen Weg!

1. Intention

Dieses Buch ist gedacht für Menschen, die sich selbst an einem Wendepunkt wahrnehmen, die sich auf die Reise zu sich selbst begeben wollen und bereit sind, ihr Leben zu ändern. Menschen, die eine Ahnung davon bekommen, dass die Räume ihres Lebens wandelbar sind und von ihnen selbst gestaltbar.

Dieses Buch stellt Einsichten, Techniken und Experimente zur Verfügung, die mir auf meiner eigenen Reise hilfreich waren und sind. Es geht um das Thema, scheinbare Widersprüche zu überwinden und zu integrieren. Weit hinaus über die reine Sachfragestellung – z.B. welcher Beruf entspricht mir? – wird dieses Buch dazu auffordern, die Wirkmechanismen von Wahrnehmung, Wirklichkeit, Emotionen neu zu entdecken und bewusst zu gestalten.

So führt die sachliche Frage nach dem Berufsweg zur Hinterfragung beruflicher „Zwänge", eröffnet den Blick auf die umfassende Dimension der Berufung, begleitet zu inneren Impulsen und Fähighkeiten, die lange schon auf Verwirklichung warten. – Die Zusammenführung all dieser Ebenen wird es dann ermöglichen, Träume und Ziele authentisch zum Ausdruck zu bringen und in pragmatischer und erfüllender[1] Weise in die Tat umzusetzen.

Verstehe diese Buch als Training. Immer wieder wirst du aufgefordert sein, deine Wahrnehmung, dein Handeln und deine Haltung in Einklang zu bringen mit deinem Wesen. Denn nur dann hast du Aussicht auf Entscheidungen, Handlungen, Erfolge, in die deine ganze Kraft zu fließen bereit ist. Ignorierst du weiterhin Aspekte deines Wesens zugunsten irgendwelcher „erdachter" Ziele, wirst du weiterhin Sackgassen erfahren. Wenn du allerdings lernst, die Eigenheiten deines Wesens bewusst wahrzunehmen und authentisch zum Ausdruck zu bringen, so öffnest du dir Räume der Selbstbestimmtheit und des persönlichen Wachstums.

---

1 Ich wähle *erfüllend* – nicht zielführend – ganz bewusst. Ein auf Erfüllung gerichtetes Sein drückt sich ganz anders aus als ein auf Zielerreichung fokussiertes Handeln. Das wird in Kapitel 5 noch genauer erläutert.

2. Wendepunkte

Es gibt immer wieder Wendepunkte in unserem Leben – die wenigsten erkennen wir als Wachstumschance, selten gestalten wir sie bewusst.

Besondere Ereignisse oder Begegnungen – MERKwürdige Begebenheiten – können wie Akkumulatoren oder Katalysatoren für den Eintritt in eine neue Entwicklungsstufe wirken. Wenn wir unsere Wendepunkte bewusst wahrnehmen und als Chance zu Gestaltung und Wachstum nutzen, stehen uns unbegrenzte Einsichten und Freiräume offen. – Meist jedoch halten wir fest am Gewohnten. Veränderungen werden als Störung oder Hindernis wahrgenommen. Unendlich viel Kraft wird aufgewandt, die Wendung abzuwenden. Und letztlich ist das Neue unvermeidlich.

Eine aufgeschlossene Haltung gegenüber Wendepunkten erlaubt hingegen ein natürliches, unseren Kräften und unserer Situation angemessenes Wachstum. – Wohlan, du hast dieses Buch in die Hand genommen, geöffnet und begonnen zu lesen. Auf der Suche nach neuen Wegen stehst du damit auf der Höhe eines wesentlichen Wendepunktes in deinem Leben.

Für mich selbst begann die Geschichte von *Empowerment* auch mit einem großen Wendepunkt in meinem Leben: Mit 21 stand ich nach einer Odyssee durch die „neuen Bundesländer“, nach endlosen Verhandlungen mit Banken, LPGen[2], Treuhand und Alteigentümern am Fenster unseres Gutshofes. Ich hatte mein Biochemiestudium kurz vor dem Diplom abgebrochen und hatte das Abenteuer gewagt. Begeistert hatte ich entdeckt, dass ich in komplizierten Interessens- und Sachlagen immer wieder unkonventionelle und doch tragfähige Lösungen finde. 52 Einzelflächen, etwa 100 beeindruckende Einzelschicksale, Institutionen, deren Beauftragte erst dabei waren, ihre Aufgabe und Macht ganz zu begreifen und ein entschlossenes junges Paar mit zusammengekratzten 8000 DM Eigenkapital mussten miteinander verbunden werden. Nach zwei Jahren exzessiven Verhandelns und Arbeitens war uns der große Wurf gelungen: Unsere Maschinen waren erwirtschaftet, unser kleiner Gutshof entwickelte

2 Landwirtschaftliche Produktionsgenossenschaften – eine „real-sozialistische“ Form bäuerlicher Zwangskollektive.

sich zusehends von der Bruchbude zum Traumhaus, unsere wunderbar zusammengewürfelte Crew wurde zur Familie. Uns war eine menschenzugewandte Alternative zu den gierigen und rücksichtslosen „Übernahmen“ dieser Zeit im neuen Bundesgebiet gelungen. Wir hatten auf Kooperation, gemeinsame Perspektive und unser Engagement gesetzt statt auf schnelle Erträge und Besitz. Und hatten letztlich alles erreicht. Für uns und die mit uns.

Doch meine Reise hatte erst begonnen: Es gab da eine Dimension jenseits der Wirtschaft, jenseits von Kapital, Maschinen und Organisation, von der ich mehr erfahren wollte.

Die folgenden zehn Jahre waren ein Feuerwerk von Eindrücken, Lehren und Aktivitäten, die mich reich machten: reich im Bewusstsein über die Vielfalt meiner Fähigkeiten, meiner Möglichkeiten und Träume. Reich an Vertrauen in den Gang der Dinge und die Kraft der Liebe zum Leben, zum Sein, zu den Menschen.

Im Wechsel zwischen sachlicher, fachlicher und spiritueller, zwischen lernender und manifestierender Ebene widmete ich mich der fernöstlichen Philosophie und im gleichen Atemzug stürzte ich mich noch einmal vollends in die Mechanismen und Wertkonstrukte unseres Apparates: Ich spezialisierte mich auf Unternehmensbewertung, führte ein Franchise-Unternehmen, graduierte zur Diplomkauffrau. Als angestellte Unternehmensberaterin entwickelte ich Personalkonzepte, Privatisierungsmodelle, Kostenrechnungssysteme. Als Strategin eines Energiekonzerns war ich endlich Teil eines dieser überdimensionierten Effizienz-Apparate. Hautnah durfte ich erleben, warum in vielen Unternehmen Tiefgaragenplätze, Büroraumgrößen und das 1. Klasse-Ticket wichtiger sind als Einspar- und Synergieeffekte.

Und dann habe ich eine Zwischenbilanz gezogen.

Binnen sechs Wochen beendete ich alle Verbindungen, die mich in diesem System hielten, und ging – ohne Perspektive – für mehrere Monate in den Dschungel. Die meiste Zeit dort war ich allEIN. Ich fragte mich, warum die westliche Ökonomie so lange trotzdem funktioniert hat, warum Finanz- und Realmärkte in den letzten Jahren immer instabiler werden. Ich fragte mich, warum Menschen einen Großteil ihres Strebens und ihrer Aufmerksamkeit auf die Illusion von Sicherheit richten statt auf Freude, Wachstum und Fülle. Warum sie wütend und frustriert sind, wenn der Arbeitsmarkt, wie er bisher war, sie einfach ausspuckt. Warum sie Schuldige und Zuständige suchen statt Chancen und neue Wege.

Das System der „abhängigen, langfristigen Beschäftigung“ erscheint mir ausgesorgt zu haben. Immer weniger Menschen sind bereit, sich auf eine einzige Funktion aus der Fülle ihrer Fähigkeiten und Neigungen festzulegen. Immer weniger Menschen sind bereit, ihre Beweglichkeit und Integrität zu opfern für einige höchst flüchtige Privilegien. – Die wenigen, die mit Schatten unter den Augen, aufgedunsener Haut und chronischer Zeitnot noch dieses System von Geschäft und Arbeit tragen, kämpfen mit aller verbliebenen Kraft. Vor allem aber kämpfen sie mit den opferreich erworbenen Funktionen, Machtmitteln und Paradigmen um das Fortbestehen einer Kultur, die auf der Idee von Getrenntheit, Sicherheit und Notwendigkeit basiert.

Ich hätte an diesem Punkt sagen können: Mögen diese Menschen tun, was sie glauben, tun zu müssen. Mein Leben ist vollständig erfüllt, wenn ich hier im Dschungel bleibe und im Fluss der Naturkräfte mein Selbst entdecke und mit der Natur verbinde. ... Aber was ist mit dem Kampf, der außerhalb des Dschungels tobt? Was ist mit den Menschen, die fühlen, dass sie ihre Erschöpfung nicht mehr bewältigen werden?

Ich könnte in die Politik gehen und sehen, ob ich die Fehler der 68er-Generation umschiffen kann: der Weg durch die Instanzen. Ich könnte mich wieder einfügen und mit ihnen verzweifeln ...

Ich habe eine andere Vision: Ich werde meine Wege zu einem erfüllten Leben teilen. Ich werde mit Menschen, denen ich begegne, immer wieder neue Wege eines Eintritts in ein erfülltes und ganzheitliches Leben entdecken und verwirklichen. So wird ein weiterer Keim erweiterten Bewusstseins in das Herz der Menschen dringen, in das System, in dem auch ich stark geworden bin. Dies ist meine Berufung.

Und um diese Vision für viele lebbar zu machen, habe ich meine Hütte im Dschungel verlassen und noch einmal alles zusammengepackt, was ich auf meinem bisherigen Weg über Menschen, Ökonomie und die Verbindung zum Göttlichen, zum Urvertrauen gelernt habe.

Ich freue mich darüber, mittlerweile einer ganzen Reihe von Menschen mit den hier zusammengefassten „Brücken“ gedient zu haben. Möge dieses Buch auch dich dabei unterstützen, deine Räume zu erweitern und dich ganz sein zu lassen. Mögest du deine Träume manifestieren.

3. Was ist Empowerment?

Empowerment ist eine Kombination von Übungen, Betrachtungen und Methoden, die dir nachhaltig dabei hilft, dich auf die Ganzheit und Vielseitigkeit deines Wesens zu besinnen. Empowerment gibt dir Hinweise und Werkzeug an die Hand, das Potenzial deiner Persönlichkeit authentisch und kraftvoll zum Ausdruck und zur Entfaltung zu bringen. Sei es in Selbstwahrnehmung, deinem Selbstgefühl, sei es in deiner Art, mit anderen Menschen zu interagieren, oder sei es bei der Entdeckung und Erfüllung deiner Berufung.

JedeR trägt seine/ihre Vision, Ziele und das dafür nötige Wissen zur Manifestation bereits in sich. Die Kunst besteht in der Synthese und Aktivierung deines persönlichen Potenzials. Wir alle sind immer wieder in alte Muster, Blockaden, Denkgewohnheiten und Realitäten verstrickt. Der Empowerment-Prozess setzt genau dort an – an diesen Säulen deiner selbst gestrickten Wirklichkeit.

Empowerment ist ein kreatives und wirkungsvolles Werkzeug, mit dem du deinen Traum vom Leben – deine Vision – Realität werden lassen kannst, indem du

- ➜ dir deine derzeitige Situation aus verschiedenen Blickwinkeln bewusst machst;
- ➜ dir über innere Mechanismen bewusst wirst;
- ➜ deine Vision(en) formulierst, die der Ganzheit deiner Persönlichkeit entspricht;
- ➜ sie in wirksame Ziele transformierst;
- ➜ deine Ressourcen erkennst und ausschöpfst und somit
- ➜ deine Ziele realisieren kannst.

Empowerment hilft dir, deine Wahrnehmung auf genau die Faktoren zu richten, die zur Verwirklichung deiner Vision(en) wesentlich sind. Welche Menschen geben dir Kraft, welche Situationen geben dir Gelegenheit, du selbst zu sein, welche Eigenschaften erlauben dir, für das zu wirken, was DIR WIRKLICH WICHTIG ist? – Gleichzeitig wirst du Blockaden auf deinem Weg erkennen und auflösen lernen: Überkommene Verhaltensmuster, hinderliche (Vor-)Urteile, fragwürdige Maßstäbe können in ein neues Licht geraten. Du wirst die Kernpunkte deiner Persönlichkeit, deiner Tätigkeit und deines Umfeldes in Bezug auf deine Wahrnehmung und dein Handeln betrachten und dabei Hilfreiches und Widersprüchliches entdecken. Empowerment bestärkt dich, Wahrnehmungs- und Verhaltensmechanismen in Einklang mit deiner

Vision zu bringen. Mit dem Empowerment Werkzeug hast du die Möglichkeit, diese Faktoren neu zu bestimmen.

Die Wirksamkeit von Empowerment basiert darauf, dass einerseits sehr pragmatische Methoden zur unmittelbaren Umsetzung in deinem alltäglichen Leben angeboten werden. Zum anderen setzt die Methode am Ursprung deines Handelns an: an deiner Wahrnehmung, deinen Träumen und deinen inneren Überzeugungen, die dir bestimmte Resultate in deinem Leben zugänglich machen oder versperren. Auf beiden Ebenen werden dir praktische Übungen zur Verfügung gestellt, die dir helfen, die Erkenntnisse zu gewinnen und durch unmittelbares Erleben zu verinnerlichen.

Am Ende des Buches wirst du in der Lage sein, deinen ganz individuellen Masterplan zu zeichnen, die nächsten ganz konkreten Schritte in deine Selbstbestimmtheit für jeden der vier Kernbereiche deines Lebens[3].

Dieses Buch ist in drei Arbeitskapitel gegliedert (Kapitel 2, 3 und 4):

Im ersten Arbeitskapitel **„Raum schaffen für Veränderung“** geht es um die oft unbewusste Unterordnung persönlicher Werte und Wesenszüge unter „fremde“ Maßstäbe. Hier gehen wir kollektiven Steuermechanismen nach. Die Maßstäbe „Sicherheit“, „Notwendigkeit“, „Zeit“, „Geld“ und „gesellschaftliche Akzeptanz“ greifen mittlerweile so stark in die individuelle Lebensgestaltung ein, dass sich ein Blick auf die Wirkung dieser Bestimmungsgrößen auch für dich lohnen wird. Du kannst in diesem Abschnitt für jeden deiner Kern-Lebensbereiche entdecken, welche Rolle diese Faktoren für dich bisher gespielt haben und welchen Preis du dafür bezahlt hast. Du wirst ein Gefühl dafür bekommen, wie du Raum schaffen kannst – trotz deiner jahrzehntelangen Prägung und deiner Integration in ein Gesellschaftssystem, das wesentlich durch diese Maßstäbe bestimmt ist.

Zuletzt geht es in diesem Abschnitt um den Vorgang der bewussten Wahl. Anders als die Re-Aktion (Zurück-Handlung) des gewohnten Alltagsverhaltens werden hier Merkmale und Techniken echter Entscheidungen aufgezeigt, die als bewusste Wahl Voraussetzung für ein selbstbestimmtes Leben sind.

Im zweiten Arbeitskapitel **„Neue, authentische Maßstäbe finden“** bist du aufgefordert, deine eigenen Werte, Wege und Ziele wieder zu entdecken. – Mit den Themen, „Ich“ im Spiegel mit „Du“, „Berufung & Beruf“ und „Umwelt & Spiritualität“ bege-

3 In der Übung „Die Vier Kreise des Seins“ betrachten wir als die vier Kernbereiche unseres Lebens das „Ich selbst“, das „Du“, das „Wirken“ und „das Umfeld“. Diese Aufteilung erleichtert dir die differenzierte Selbst- und Fremdbeobachtung bestimmter Aspekte deiner Lebenssituation.

ben wir uns in die vier essenziellen Aspekte unseres Lebens. Diese Systematik ist in der Übung „Die Vier Kreise des Seins“ ausführlich erklärt.

Auf allen Ebenen begegnen wir der grundsätzlichen Sinnfrage und unserer tiefen Sehnsucht, unseren Platz einzunehmen. Das Nachforschen, worin unser persönlicher Beitrag – vielleicht sogar unsere Mission – liegt, führt uns an die Wurzeln unseres Wahrnehmens. Es zu erfüllen, führt uns an den Kern unseres Bewusstseins und unseres Handelns.

Über die Betrachtung der „Vier Kreise“ bieten sich dir zahlreiche Gelegenheiten, alte Glaubenssätze, wiederkehrende Erfahrungen und Konstellationen deines Lebens und deiner Persönlichkeit zu ändern oder zu verabschieden. So übst du, Situationen und Menschen aus verschiedenen Positionen zu betrachten – und dir damit einen weit größeren Blickwinkel zu verschaffen als bisher.

Gleichzeitig wird deine Rückverbindung in dich selbst und zum Göttlichen – worin immer du es für dich wahrnimmst – wie ein „Innerer Kompass“ wachsen. Über das fernöstliche Konzept der „Fünf Wandlungsphasen“ lernst du ein Werkzeug kennen, diesen „Inneren Kompass“ wieder zu entdecken, auszurichten und zu nutzen. Er erlaubt dir, deine Absichten, Träume und Werte kontinuierlich präsent zu haben und liefert dir eine dauerhafte und authentische Entscheidungsbasis.

Ausgerüstet mit diesen Reflexionen und Werkzeugen wirst du auch das „Traumfeld“ kennen lernen. Dies ist der wohl kreativste Abschnitt dieses Kapitels, der dich die Vielfalt deiner authentischen Wege ausschöpfen und gestalten lässt.

Entgegen allen bisherigen Konzepten der Begrenztheit hast du mit dem Traumfeld die Chance, eine ganze Reihe persönlicher Wege zu entdecken, die dir eine authentische und harmonische Verbindung deiner verschiedenen Lebensbereiche eröffnen. Du bist aufgefordert und befähigt, aus dem reichen Schatz deiner Potenziale, Interessen und Fähigkeiten eine Vision von deinem Leben und seinen Erscheinungsformen zu gestalten. Hier ist deine Chance, den für dich erstrebenswerten Lebensweg zu erkennen und zu fokussieren, Freiräume zu definieren und ganz einzunehmen. Die Deckung von SEIN und TUN.

Wenn du an dem Punkt angekommen bist, eine prachtvolle Auswahl tragfähiger, authentischer Gestaltungsoptionen für dein Leben zu sehen, kommt zur Anwendung, was du bereits im vorangegangenen Kapitel reflektiert hast: Durch die bewusste Wahl einer der Optionen – eine Ent-Scheidung, mit der du auf die anderen, ebenso attraktiven Möglichkeiten verzichtest – geschieht mit dir etwas, was mit dem maximalen Spannen eines Bogens vergleichbar wäre: Deine gesamte Aufmerksamkeit, deine ganze Kraft und Liebe richten sich auf diese eine Option: *deine Wahl.*

Für den Prozess der Willensbildung, Priorisierung und Aktivierung finden sich im dritten Arbeitskapitel **„Handeln: SEIN = TUN“** einige Übungen und Anregungen, die dich darin bestärken, mit ganzer Kraft deine Ziele zu verwirklichen und mit deinem Umfeld zu verbinden. Zunächst geht es um eine klare, richtungsweisende und umfassende Zielsetzung.

Der Unterschied zwischen „Vision“ und „Ziel“ besteht darin, dass ein inneres Bild (die Vision) mit der außen wahrgenommenen Realität verbunden wird. So bekommt dein Bild Bezug zu deiner aktuellen Situation, den Mitteln, die dir zur Verfügung stehen, zu zeitlichen und sozialen Faktoren. Hier erschließt du deine Kraftquellen und Ressourcen, entdeckst die Form deiner Ziele und geeigneter Maßnahmen.

Mit einem ganzheitlichen Masterplan, der dir wie eine Landkarte zur Verfügung stehen wird, kommst du aus der Planung in die Umsetzung und schließlich zur Verwirklichung deiner Visionen und Träume.

Mit der Konzeption deines persönlichen Masterplans projektierst und realisierst du deinen neuen Zielraum. Und damit schließt sich dein erstes Empowerment.

Vergiss das Feiern deiner Reise nicht, wenn du den Empowerment-Zyklus einmal vollzogen hast. Zelebriere die Wiederentdeckung deiner persönlichen Vielfalt und die Meisterung deiner (neuen?) Wirklichkeit.

Der Prozess, der vor dir steht, kann dich in eine innere Position führen, die dir die Gestaltung deines Lebens aus dir selbst, aus deinem Wesenskern heraus eröffnet. – Das ist etwas ganz Besonderes heutzutage, denn die meisten Menschen um uns herum gehen bei der Gestaltung ihres Lebens keineswegs von ihrem Wesenkern aus. Stattdessen orten sie zuerst die Bedingungen des Umfelds. So stellen sie zu Beginn etwa Fragen wie: „Was ist denn überhaupt realistisch möglich?“ Mit einem solchen Ansatz erreichen sie lediglich eine Fülle an Hindernissen, Einschränkungen und Bedingungen um sich selbst herum anzusammeln. Und letztlich leiden sie unter der Enge, die ihr Leben begrenzt.

Empowerment fordert dich auf, den Weg in umgekehrter Richtung zu gehen: Halte inne, lausche deinem Wesen – so wie es als Ganzes in dir ist – mit all seinen Facetten, Kräften, Bedürfnissen und (scheinbaren!) Widersprüchen. Hier gelangst du an das klare, tiefe Bewusstsein von „ICH BIN“. Erkenne den großen Traum, der in diesem, deinem Wesen verborgen liegt, und sprich ihn aus. Lass dich inspirieren von den vielzähligen Wegen, die dir und deinem Traum offen stehen, und verbinde sie mit deinem Tun. So findet dein Wesen Ausdruck in seinem Traum. Durch dieses Erkennen und dein Verständnis von „Wirklichkeit“ eröffnen sich Wege, diesen Traum absichtsvoll und mit ganzer Kraft zu realisieren.

Sei dir jedoch darüber bewusst, dass diese Rück-Verbindung zu deinem Wesenskern tiefgreifende Veränderungen in dir erfordern kann – je nachdem, von welchem Punkt aus du startest. Dieser Prozess hat sehr viel mit Eigenverantwortung zu tun und mit dem vorbehaltlosen Einsatz deiner Kraft für deinen Traum.

Wie fühlst du dich jetzt, wenn du folgende Aussagen liest:

1 Dein Leben ist JETZT und es liegt ausschließlich in deinen Händen.
2 Das, was du erlebst und vor allem WIE du es erlebst, ist ein sehr begrenzter Ausschnitt der Erfahrung, die dir möglich wäre.
3 Du begrenzt diesen Ausschnitt mit deiner Vor-Stellung von der Wirklichkeit. Letztlich sind es deine Interpretationen von dem, was dir begegnet, die festlegen, was dir erfahrbar wird und was nicht.
4 Unzu-Frieden-heit, Ohn-Macht, Konflikte im Innen wie im Außen sind wohlmeinende Signale deines eigenen Wesens. Von dort, wo du dein eigenes Wesen ausgrenzt.
5 Es ist deine Aufgabe, ALL deine Aspekte zu erkennen und zum Ausdruck zu bringen. Auch die, die du bisher so sehr verurteilst, dass sie dir nur in Gestalt anderer Menschen begegnen.
6 Die Vielseitigkeit deines Wesens lässt sich in mannigfachen Formen ganzheitlich und erfüllt erleben und ausdrücken. Dir steht eine große Wahl zur Verfügung. Die bewusste Wahl einer dieser Formen ist Neigungssache.
7 Du erkennst diesen Zustand des Ganz-Seins daran, dass es keinen Unterschied mehr gibt zwischen Sein, Tun und Haben. Am Punkt der Erfüllung sind diese drei Ebenen *eins.*

Sollten dir einige dieser Aussagen unverständlich oder gar befremdlich erscheinen: Merke dir, welche. Im Verlauf des Empowerment Prozesses werden wir an den Fundamenten dieser Aussagen arbeiten und du wirst eine eigene, klare Position zu diesen Aspekten der Eigenverantwortung gewinnen.

Die Reise durch das Selbst zu deinem höchstpersönlichen Schmelzpunkt mit der Schöpfung wirst du ganz allein, allEIN, antreten und erfahren. – Was ich beitragen kann, ist, dir meine eigenen Beobachtungen und Erfahrungen zur Ordnung des Wandels nahe zu bringen. Dir Kompass und Spiegel an die Hand zu geben, wenn du dich auf dem Weg orientieren willst. Und die Türen und Wege zu zeigen, die für mich und viele meiner Weggefährten geeignet waren, Kontakt aufzunehmen, Energie zu empfangen und zu transformieren.

Auch fließt in dieses Trainingsprogramm mein Wissen als Kauffrau, Projektkoordinatorin, Mittelsfrau und Wirtschaftsstrategin ein. Es möge dir dann dienen, wenn es an der Zeit ist, Visionen tragfähig und konkret zu realisieren.

4. Einige Tipps zur Arbeitsweise mit diesem Buch

→ ***Ein Buch ist kein Seminar***
Das Arbeitsbuch ist aus den Begleitmaterialien zu den mehrmonatigen Seminaren „Berufung & Beruf" und „Leben gestalten" sowie aus der 10-tägigen Exkursion „Visionssuche" entstanden.[4] Bitte beachte bei der Anwendung dieses Buches:

→ ***Inneres Erleben im äußeren Spiegel***
Nutze die Übungen als Schlüssel zu Türen, die in deine Erkenntnis- und Schaffenswelt führen. Die entscheidenden Veränderungen vollziehst du, während du die Übungen in Stille und dem für dich angemessenen Rhythmus durchführst.

→ ***Forschen heißt Forschen heißt Forschen***
Dieses Buch ist ein Arbeitsbuch, ein Trainingsprogramm. Allerdings ist es gleichzeitig die Aufforderung zu einem einzigartigen, allein durch dich definierten Experiment. Es gibt weder ein vorab festliegendes Ziel noch einen „richtigen" oder „falschen" Verlauf. Vielmehr handelt es sich um ein prozesshaftes Erforschen deines Wesens. Dieses Wesen ist selbst im Wandel.

→ ***Sieh Empowerment als Experiment, als Exkursion an***
Lies das Buch und betrachte den Prozess, in den du dich begibst, als eine Exkursion in dein Wesen. Um auch in stürmischen Gefilden das Experiment handhabbar zu halten, wähle vorab aus, welcher der Kernbereiche gerade jetzt höchste Relevanz für dich hat. Er ist dein Startpunkt. Beziehe dich an Meilensteinen deiner Exkursion auf den Situationsbericht, den du im Anschluss anfertigst, und auf die innere Zielvereinbarung, die du mit dir selbst (und ggf. mit deinen Weggefährten) triffst. Führe ein Logbuch – regelmäßig und systematisch. Investiere deshalb jeden Tag etwas Zeit und Gedankenkraft in die Lösung der Aufgaben. Lege den Arbeitsplatz und die Arbeitszeit fest. Arbeite die Übungen chronologisch und in etwa in den angegebenen Zeiträumen durch.

---

4 Mehr zu den Seminaren findest du unter www.sguides.com. Sie werden mehrmals jährlich angeboten. Wenn du daran teilnehmen möchtest, empfiehlt sich eine frühzeitige Anmeldung, da die Kurse rasch ausgebucht sind.

→ *Nutze all deine Ressourcen*

In allen Übungen bist du aufgefordert, die besprochenen Techniken und Reflexionen zu erLEBEN. Lass die Übungen nicht zu Kopflektionen werden! Wenn ich dir z.B. aufgebe, Kontakt mit den fünf Elementen aufzunehmen, dann meine ich: Geh raus, spüre den Wind auf deiner Haut, lass das Regenwasser in dein Gesicht spritzen, wühle in der Erde ... . Wenn ich dich ermuntere, zu beobachten statt zu bewerten, stelle ich mir vor, dass du experimentierst mit deiner Umwelt. Probiere neue Blickrichtungen, Argumentationsweisen, Konfliktlösungen. Lausche, nimm dein Gegenüber fühlend wahr usf.! Experimentiere mit den Menschen, die dir gerade begegnen, in verschiedenen Konstellationen, mit verschiedenen Blickrichtungen. – *Also:* Sei kreativ! Löse die Aufgaben mit allen Sinnen und in jeder Form, die dir sinnvoll erscheint. Das Training soll Spaß machen.

→ *Aufzeichnungen geben dir in dem neuen, erweiterten Erfahrensraum geistige Orientierung*

Der Kopf kommt erst nach dem Erfahren ins Spiel, wenn du aufgefordert bist, das Erfahrene zu reflektieren und niederzuschreiben. Das macht Sinn, denn meistens lässt du deinen Kopf filtern und kontrollieren. Also muss er NACH dem Experiment, NACH der Erfahrung mit einbezogen werden. Sonst besteht die Gefahr, dass er auf „alte" Interpretationen zurückgreift und ein Widerspruch zwischen den neuen, erspürten Räumen und der alten, nicht integrierten Rationalität entsteht. – Sprache und schriftliche Rekapitulation geben deinem Kopf Zugang zu dem, was du auf anderen Ebenen erfahren und erkannt hast. Wie ein Forscher zeichnest du außerdem den „Experimentaufbau und seine Ergebnisse" auf, um bei Wiederholungsexperimenten Veränderungen nachvollziehen zu können.

→ *Falls du in einer Papierwüste zu ersticken drohst ...*

In den meisten Übungen bist du aufgefordert, deine Erfahrungen und Beobachtungen schriftlich zu reflektieren. Da kann sehr viel zusammenkommen! Destilliere deine Ergebnisse, führe sie auf die Essenz zurück. Folgende Fragen können dir dabei hilfreich sein:

- „Was ist mein erster Impuls?"
- „Welcher Eindruck ist jetzt am stärksten?"
- „Woran bleibt meine Aufmerksamkeit hängen?"

→ *Schwierigkeiten, Widerstände, Verwirrung? – Wie weit du gehst, bestimmst du selbst!*

An bestimmten Punkten deines Empowerments wirst du es möglicherweise mit starken inneren Widerständen zu tun haben. Wahrscheinlich tritt es besonders dann ein, wenn du aufgefordert bist, „Gesetze" zur Disposition zu stellen, nach denen du dein Leben lang erlebt, WAHR-genommen, gehandelt hast.

Wenn du bemerkst, dass du dich zu beklagen beginnst, dass du versuchst, den in dir beginnenden Prozess als Last von dir wegzudefinieren, lass es dir ein Signal, eine Aufforderung sein zu zweierlei:

1. Finde selbst Lösungen, die deine Wahrnehmung und Haltung zu deiner Situation (so viele Aufgaben, so viel Bewegung ...) verändern. Konzentriere dich dabei in die Richtung, in die du definiert hast, mit diesem Trainingsprogramm zu gehen, zum Beispiel Klarsicht, Eigenverantwortung, Kreativität.
2. Versuche herauszufinden, ob du tatsächlich von deiner inneren Stimme den Hinweis bekommst „Das ist zu viel" oder ob es lediglich dein „Bewahrungsmechanismus" ist, der dir einflüstert: „Trau dem Neuen nicht" Die Unterscheidung dieser beiden Impulse ist eine sehr wichtige Fähigkeit auf deinem selbstbestimmten Weg!

➜ ***Setze deine eigenen Limits***

Du allein bestimmst, wie weit du gehen und erforschen willst, denn du bist es, der/die die Erkenntnisse durch Handlung und Haltung lebendig macht oder unterdrückt. Die meisten Übungen sind mehrschichtig in ihrer Wirkung – es besteht immer die Möglichkeit, sie auf rein technischer, pragmatischer Ebene auszuführen. Bereits dann profitierst du erheblich von den ordnenden, klärenden und methodischen Effekten. – Wenn du dich über die rein pragmatische Ebene hinaus öffnest, wirst du auf dein inneres System von Überzeugungen und Erfahrungen treffen. Das System von Überzeugungen und Erfahrungen ist letztlich nichts anderes als dein Steuermechanismus. Hier hast du definiert, was richtig und falsch, gut und schlecht ist. Manche dieser „inneren Steuereinheiten" werden dich überraschen – du hast die Möglichkeit, sie aus verschiedenen Positionen heraus zu betrachten und zu verändern.

➜ ***Empowerment birgt immer wieder Neues***

Du kannst die Übungen immer wieder durchführen – und du wirst immer wieder Neues entdecken, denn du erforschst letztendlich dich selbst und die Mechanismen, die dein Verhalten und Erleben steuern. Nimm dir jedoch beim ersten Mal reichlich Zeit für Durchführung und Reflexion aller Übungen in ihrer vorgesehenen chronologischen Abfolge. Wenn an bestimmten Stellen dein Kopf anfängt zu brummen, du überhaupt nichts mehr verstehst oder dir Anweisungen kompliziert erscheinen, mach' eine Pause. So lange, wie du zur inneren Klärung brauchst, aber nicht so lange, dass du den Kontakt zum Prozess verlierst. Wenn du einmal das ganze Buch für einen oder mehrere Kernbereiche durchgearbeitet hast, besitzt du einen wundervollen Werkzeugkasten für die Erforschung und Gestaltung deines Lebens. Greif zu und arbeite damit – wo und wann auch immer es dir sinnvoll erscheint.

➜ ***Eigenverantwortung von Anfang an***

Wenn du Schluss machen willst mit schnellen Lösungen und eintauchen willst in das Geflecht deiner Visionen, Glaubenssätze, Erfahrungsräume, dann ist das auch die Entscheidung für konzentrierte und kontinuierliche Arbeit.

Ich habe in diesem Buch Übungen und Erfahrungen zusammengefasst, die zu entdecken, zu erfahren und zu integrieren bereits 15 Jahre meines Lebens umfasst – und ich bin immer noch dabei. Wie viel Zeit willst du dir für den ersten Abstecher in deine neue Wirklichkeit nehmen?

Bitte gehe mit dir und dem Prozess, den du gerade anstößt, verantwortungsvoll um. Mäßige deine Erwartungen auf ein Niveau, das du auch durchhalten kannst, und sorge dafür, dass dieser erste Durchgang wirklich abgeschlossen wird. – Es reicht zunächst völlig aus, wenn dich die JETZT für dich RELEVANTEN Lektionen berühren. Dir geht nichts verloren, wenn du dich entscheidest, in manche Übungen mehr und in andere weniger einzusteigen. Dennoch empfehle ich für den „ersten Durchgang“, alle Übungen in ihrer vorgesehenen Reihenfolge zu absolvieren. Selbst wenn dir der Sinn der einen oder anderen Übung gerade nicht nachvollziehbar ist oder du der Auffassung bist, eine bestimmte Aufgabe habe jetzt gerade keine Relevanz für deine aktuelle Fragestellung: Gib dir die Chance, den ganzen Empowerment-Prozess einmal vollständig zu erleben!

5. Vertrag über die Arbeit mit diesem Buch

Hier beginnt dein Logbuch. Ausgehend von der knappen Beschreibung deiner derzeitigen Situation, bist du hier zum erstenmal aufgefordert, mit dir selbst einen Vertrag über die Empowerment-Arbeit zu schließen. Das wird dir für den Verlauf des Empowerment-Prozesses die Möglichkeit geben, das bereits zurückgelegte Wegstück zu betrachten, gleichzeitig unterstützt es dich jedoch auch „dranzubleiben", Etappen zu stecken, zu erreichen und als „Aussichtspunkt" zu nutzen, um die ursprünglich geplante Route gegebenenfalls an neue Einsichten anzupassen.

5.1 Situationsbericht

Beginnen wir mit einer ersten Skizze. Bitte skizziere deine derzeitige Situation anhand folgender Fragen spontan, präzise und stichpunktartig schriftlich:

Für den Bereich **Ich Selbst**:

- ➜ Wer bist du? Beschreibe deine herausstechenden Eigenschaften.
- ➜ Wie geht es dir zur Zeit?
- ➜ Welche Themen beschäftigen dich? Worin liegen deine besonderen Fähigkeiten?
- ➜ Welche dieser Fähigkeiten sind schon oft gelobt worden ... und welche nicht?
- ➜ Welche hast du von Natur aus und welche hast du dir angeeignet? Auf wessen Impuls hin?
- ➜ Welche Fähigkeiten hättest du gerne? Was versprichst du dir davon?
- ➜ Was macht dich einzigartig?

Für den Bereich **Mein Erleben mit Du**:

- ➜ Welche Rolle spielt deine Familie (Vater, Mutter, Geschwister, ...) für dich?
- ➜ Was bedeuten für dich Partnerschaft und Freundschaft?
- ➜ Wofür halten dich deine Freunde?
- ➜ Welche Erfahrungen wiederholen sich in deinem Leben mit anderen Menschen?

- ➜ Wer hat maßgeblich in dein Leben eingegriffen? Womit?
- ➜ Wer ist Vorbild für dich? Wodurch?

Für den Bereich **Mein Erleben im Wirken**:

- ➜ Wie definierst du Erfolg?
- ➜ Auf welche Erfolge bist du stolz?
- ➜ Für welche Situationen hast du das Gefühl, versagt zu haben?
- ➜ Welche Erfahrensräume und Wachstumschancen haben sich aus deinem „Versagen“ ergeben?
- ➜ Womit verdienst du derzeit deinen Lebensunterhalt? Wie bist du darauf gekommen, auf diese Weise deinen Lebensunterhalt zu verdienen?
- ➜ Was sind deine aktuellen Ziele in beruflicher Hinsicht?
- ➜ Wie definierst du „Berufung“?
- ➜ Entspricht deine Arbeit deiner Berufung?

Für den Bereich **Umfeld und Weltbild**:

- ➜ Welches sind die charakteristischen Merkmale der Welt/Zeit, in der du lebst?
- ➜ Glaubst du an Bestimmung? Durch wen oder was?
- ➜ Inwiefern nimmst du auf das gesellschaftliche Gefüge um dich herum Einfluss?
- ➜ Wie nimmt es Einfluss auf dich?
- ➜ Wie sieht dein Kontakt zur Natur aus?
- ➜ Was ist notwendig für dich, um zu leben?
- ➜ Was beeinflusst dein Leben, ohne dass du Einfluss darauf hast?

Also, das war dein Blick zurück, durch die „Brille“ – die du gewohnt bist zu tragen – auf die Welt.

Bei den Fragen wurden vier Lebensbereiche unterschieden, die dir in dieser Form noch häufiger als *„Die Vier Kreise des Seins“* begegnen werden: der Lebensbereich, in dem es um dein Erleben von dir selbst geht, der Lebensbereich, in dem du anderen (= „du“) begegnest. Dann der Bereich, in dem du handelst und damit Wirkung in deinem Umfeld erzeugst. Und zuletzt eben dieses „Umfeld“, das Aspekte wie Natur, Kultur, Gesellschaft, Religion für dich darstellt und erlebbar macht.

5.2 Das Logbuch

Der Situationsbericht dient der Wahrnehmung deines Startpunktes. Mit ihm beginnt dein Logbuch, das den Wandel deiner aktuellen Wirklichkeit und deiner Erwartungen nachzeichnet, während du dich auf der Empowerment-Reise befindest. Für die

Aufzeichnungen in deinem Logbuch sind jeweils drei Betrachtungsebenen immer wieder relevant:
- → Wie sieht die Situation aus der Distanz aus (sachliche Betrachtung)?
- → Wie fühlt sie sich an (emotionale Betrachtung)?
- → Welche Veränderungen zeichnen sich ab (Interpretation)?

Führe das Logbuch skizzenhaft fort bis zum Ende des Trainings. – Das Logbuch wird auch im Nachhinein ein wertvolles Instrument sein, den Weg, den du gegangen bist, abzugleichen mit dem Weg, den du dir ursprünglich vorgenommen hast. Beim Rekapitulieren zeigt er dir noch einmal die Methoden, die deine Vorhaben optimal unterstützen.

5.3 Dein Vertrag mit dir für dich

Sieh noch einmal auf die vier Lebensbereiche deines Situationsberichts: Versetze dich in die Haltung eines Beobachters. Wie stellt sich die Situation ganz sachlich dar? ... Und nun fühle. Wie fühlt es sich an, wenn du auf die einzelnen Bereiche blickst? ... Wo ließen sich Veränderungen – Verbesserungen – vorstellen?

Denke jetzt noch nicht darüber nach, wie solche Veränderungen zu bewirken wären, oder gar in Kategorien von „möglich“ oder „unmöglich“. Überlege einfach nur, wo´s anders schöner sein könnte – Lebensbereich für Lebensbereich.

Wie sieht dein Tagesablauf derzeit aus? Musst du um sechs Uhr morgens aufstehen, obwohl du doch ein Langschläfer bist? Belasten dich die Umstände in deiner Wohngemeinschaft schon so lange, dass du gar nicht mehr gerne nach Hause kommst? Hast du dich in letzter Zeit öfter gefragt, was dich eigentlich noch mit deinem Job verbindet?

Da, wo du dich tief bewegt fühlst und das Gefühl hast: „So soll es nicht bleiben“ – setze Ziele für dein Empowerment. Schreibe auf, was du durch die Arbeit mit diesem Buch erreichen willst, z.B.: „Ich will endlich wieder ein Zuhause haben, in dem es aufgeräumt ist, ich entspannen und meiner Musik nachgehen kann.“ Definiere außerdem, in welchem Zeitraum du das Training einmal vollständig für dich absolviert haben willst und wann du dir fest Zeit einräumst, dich mit den Übungen und deinem Wandel zu befassen. Schließe dann den folgenden Vertrag mit dir selbst:

Ich, ______________________ gebe mir für die Monate _____________bis_____________ Raum, Zeit und Ruhe, das Empowerment Arbeitsbuch gewissenhaft zu studieren und die Übungen regelmäßig, schriftlich (soweit nötig) und ehrlich vor mir selbst durchzuführen.

Dazu nehme ich mir täglich ca. _____ (Minuten, Stunden) Zeit und zusätzlich einmal in der Woche _____ Stunden.

Mein Wunsch für den Lebensbereich „Ich Selbst" ist es,

____

____

____

Mein Wunsch für den zwischenmenschlichen Bereich ist es,

____

____

____

Mein Wunsch für den Lebensbereich meines Wirkens (Aufgaben, Beruf, Berufung) ist es,

____

____

____

Mein Wunsch für den Lebensbereich „Umfeld und Weltbild" ist es,

____

____

____

Wenn ich diesen Vertrag erfüllt habe, werde ich mir endlich gönnen:

____

____

____

____

Datum/Unterschrift

6. Hilfreiche Betrachtungen für deinen Proviant

Hier noch drei interessante Beobachtungen, die ich im Laufe der vergangenen Jahre gemacht habe und die hilfreich sein können auf dem Weg, der jetzt vor dir liegt:

1. Menschen, die uneingeschränkt Verantwortung für ihr Handeln, ihre Befindlichkeit und ihre Erlebnisse übernehmen statt sich selbst durch Jammern, Erwartungen, Vorwürfe auf andere zu projizieren, strahlen eine ungeheure Kraft aus. Sie scheinen ihr Leben vollständig selbst zu gestalten.

2. Menschen, die ihre Selbstverantwortung auch verstehen als das Wissen um den „Preis“ ihres Handelns – d.h. die Kenntnis von Wechselwirkungen und Konsequenzen –, haben selten Konflikte, weder innen noch außen. Sie entrichten den „Preis“ meist zeitgleich mit der Entscheidung für eine bestimmte Sache.

3. Menschen, die ihrem Leben gegenüber eine forschende statt eine suchende Haltung einnehmen, erfahren Leben als Abenteuer und Spiel. Sie sehen meist unmittelbar Wege aus komplizierten Situationen heraus.

Lerne Brücken zu bauen:

➜ *innerhalb deiner selbst*
- zwischen geliebten und weniger geliebten Aspekten deines Wesens,
- zwischen deinen Träumen und deiner Wirklichkeit,
- zwischen deinem Fühlen und deinem Handeln,
- zwischen Spiritualität und Materie, Sein und Haben,
- zwischen dir und deiner Umwelt

➜ *und um dich herum*

➜ *indem du Liebe verstehst und verbreitest als*
- Liebe zu den Menschen,
- Liebe zu deinem und ihrem Tun,
- Liebe zur Natur mit all ihren Erscheinungsformen,
- Liebe zum Leben

II.

Raum schaffen für Veränderungen

Empowerment ist von der Wurzel her so angelegt, dass eine Orientierung von innen heraus stattfinden soll. Das bedeutet, dass allein Aspekte deines Wesens und deiner ganz persönlichen Bedürfnisse und Ziele maßgeblich sind für deine Entscheidungen und deine Lebensgestaltung.

Da heute allerdings die wenigsten Menschen in einer geistigen und sozialen Situation sind, die ihnen eine derart freie Gestaltung ihres Lebens unmittelbar zugänglich macht, widme ich dieses erste Arbeitskapitel der Betrachtung typischer „Hindernisse" für ein selbstbestimmtes Leben. Es handelt sich dabei um Faktoren, die für unser gesamtes modernes Gesellschaftssystem symptomatisch sind – und auch deshalb nur allzu häufig als „unumgänglich" erfahren werden.

Um dich also geistig wie faktisch in die Lage zu versetzen, nach dem EmpowermentPrinzip dein selbstbestimmtes Leben zu gestalten, bedarf es einiger vorbereitender Schritte.

7. Fünf Merkmale einer selbstentfremdeten Wirklichkeit

→ ***Arbeitest du?***
→ ***Gehst du deinem Beruf nach?***
→ ***Oder erfüllst du deine Berufung?***

Das Kernthema für die meisten von uns kann auf so vielen Stufen wahrgenommen und erlebt werden. Und viel ist bereits gewonnen, wenn der Unterschied zwischen Arbeit, Beruf und Berufung geklärt und eine Wahl getroffen ist (inhaltlich, die Begriffe mag jeder nach seinem Gusto wählen).

Wenn wir „zur Arbeit" gehen – Tag für Tag (puhh!) –, dann verdienen wir unseren Lebensunterhalt. Wir verbringen unsere Zeit an einem bestimmten und bestimmenden Ort und Zusammenhang und verwirklichen ein „geregeltes" Leben. Wir haben eine Funktion und eine Position mit Pflichten und Rechten. Und weil wir das Pflichten-Rechte-Paket angenommen haben, auch ein An-Recht: auf Bezahlung, auf Teilnahme am Gesellschaftssystem, auf Empfang bestimmter Leistungen, auf die Nutzung der Arbeitsprodukte anderer, auf Urlaub und Pause.

Wenn wir unserem Beruf nachgehen, dann haben wir eine wichtige Aufgabe. Wir haben etwas Besonderes gegenüber anderen: eine besondere Ausbildung, besonderes Wissen, besondere Fähigkeiten. Wir gehören einer Gruppe von anderen an, die ähnliche Besonderheiten haben. Wir beachten besondere Regeln dieser Gruppe und haben strenge Maßstäbe an andere, die mit ihrer Tätigkeit einen ähnlichen Beruf ergreifen oder erfüllen wollen. Für unsere Besonderheit müssen wir etwas tun: nämlich sehr interessiert sein an dem Thema, auf das sich unser Beruf richtet, und in angemessenen Abständen beweisen, das wir gut sind und weiterhin zu einer besonderen Gruppe gehören. Pflichten und Rechte verstehen sich von selbst, Anrechte auch. Das Entscheidende ist, dass unser Tun einen anerkannten Sinn hat.

Wenn wir unsere Berufung erfüllen, dann tun wir, was wir zu tun lieben. Liebe hat viele Formen, das Entscheidende ist im Zusammenhang jedoch, dass bei diesem „Tun" Energie freigesetzt und nicht verbraucht wird und dass der einzige Zweck, den dieses Tun hat, der Inhalt ist, mit dem wir uns intensiv beschäftigen. Das Thema selbst – sei es das Pflegen, das Schreiben, das Bauen, das Entwerfen, das Handeln etc.: Es ist das Tun selbst, das unser Tun begründet. Pflichten? Rechte? Andere Dimension!

Für viele mag das nicht sonderlich neu oder erstaunlich sein. Auch die Entscheidung, welches Tun wohl bei dieser Auswahl das Heilvollste wäre, ist leicht getroffen. Interessant wird es, wenn die Hindernisse und Bedingungen dann erscheinen: An erster Stelle steht das *Grundkonzept der Sicherheit.* Um diesen heiß begehrten Zustand zu erschaffen, werden „Deals" eingegangen – nämlich „Notwendigkeiten" akzeptiert, an die sich zu halten Voraussetzung sein soll, um Sicherheit zu *haben.* Und obendrauf findet der *große Geld- und Zeitdeal* statt: Sicherheit heißt im gängigen Verständnis auch Planbarkeit. Wer planen will, muss die Zukunft ins Kalkül ziehen. Und wer seine Aufmerksamkeit zwei Schritte voraus hält, gerät leicht ins Rennen, ins Hasten. Zudem gilt Geld als allgemein akzeptiertes Substitut (oder gar Additiv) von Sicherheit. (Geld wäre im Übrigen ohne Zukunftsorientierung völlig wertlos ...)

Sicherheit, Notwendigkeit, Zeit, Geld – nicht eine einzige, sinnlich erfahrbare Größe bisher. Die Maschine läuft also: Es gibt (angeblich) klare Zusammenhänge zwischen unklaren Größen, die Welt bekommt Richtung, Dynamik und Regeln, die aus abstrakten Parametern resultieren. Und in dem gemeinsamen Rennen – nach Sicherheit, nach Geld, der Zeit hinterher und eingebunden in ein Netz aus Notwendigkeiten – entsteht Hunger. Ein eher metaphysischer, emotionaler Hunger.

Denn so gefüllt das Konto zeitweise gerade sein mag, so dick gepackt der Ordner der Versicherungsverträge und der Forderungen an Schuldner auch sein mag: Lebensfreude entspringt dem Erlebbaren. Sicherheit und Geld sind nicht unmittelbar erlebbar. Erlebbar wären vielmehr menschliche Begegnungen, Momente des selbstvergessenen kreativen Schaffens oder der pure Genuss des Augenblicks. Doch wer kann sich das schon leisten angesichts der Zeitnot und der Vielzahl an Verpflichtungen?

Zuletzt bleibt der Hunger nach Anerkennung als Relikt zwischenmenschlicher Resonanz. Jenseits des Kampfes um Ressourcen entbrennt der heftige Kampf um Macht. Macht ist ein Substitut für Anerkennung, das – ebenso wie Sicherheit und Geld – keine eigene Lebenskraft hält und somit niemals befriedigt, was sie im Kern begehrt: *Leben.*

Blicken wir auf Alternativen. Eröffnen wir neue Räume: Wie oft sind wir schon Menschen begegnet, die das, was sie „taten", aus Liebe zu diesem „Tun" machten? Und wenn wir ihnen begegnet sind: Waren es nicht immer wieder Menschen, die exzellent waren in dem, was sie taten? Und führte diese Exzellenz nicht binnen kürzester Zeit dazu, dass das, was sie schufen, von vielen anderen begehrt war? Die Qualität einer „Arbeit", die einer Berufung folgend entstanden ist, ist von so überragender Reinheit, dass sie begehrt wird. Und diesem Begehr folgend erhält der Schöpfer dieses Werkes alles, was er zum Leben „benötigt" – und meist weit darüber hinaus. Das Geheimnis liegt darin, sich der Berufung hinzugeben. Einer Sache aus keinem anderen Grunde nachzugehen als aus Liebe und Forscherdrang. Der unmittelbare Effekt ist Begeisterung, Entdeckung, Verbesserung, Erfüllung. Gefühle – und somit Lebenskraft. Für den Rest ist gesorgt.

Aber wie nun von dort nach da kommen? – Wohl wahr, dass die meisten Lebenssituationen so angelegt sind, dass ein permanenter Beschaffungszwang entsteht. Der initiierende Impuls liegt hier meist in Vorstellungen von Notwendigkeit: „Man muss doch was Ordentliches machen" oder Sicherheit und Angst: „Ich will nicht unter der Brücke oder in der Anstalt landen." – Sich aus der Vielzahl eingegangener Verpflichtungen und Vereinbarungen wieder zu lösen, erscheint vielen „unmöglich": Die Familie muss doch ernährt werden, Schulden abbezahlt, der Lebensunterhalt samt Miete und ein paar Vergnügungen gedeckt sein … .

Es ist einfach eine Entscheidung! – Versuchen wir es, wenn uns das Vertrauen in die tabula rasa fehlt, an einem kleinen Aspekt unseres selbst geschaffenen Zwangsapparats: Beginnen wir damit, die Illusion der Sicherheit und ihren Preis (!) in unserem Leben zu prüfen. Welche Konsequenzen hätte es für mich selbst und welche für meinen „Vertragspartner", wenn ich die mir am engsten erscheinende Verpflichtung heute löse? Gäbe es Zwischenschritte, die die Konsequenzen nicht nur aufschieben, sondern verändern? Gäbe es Modifikationen der bestehenden Vereinbarungen, deren Konsequenzen für beide Seiten tragbar wären?

Notwendigkeit: Welche der unendlichen Pflichten, mit denen ich meine Liebe zum Leben in Frage stelle, bringt mehr als sie nimmt?
Sicherheit: Was tue, zahle, ertrage ich, um meinem Sicherheitsbedürfnis nachzukommen? Und was davon ***garantiert*** mir Sicherheit?

Nehmen wir zum Beispiel die vielen „Arbeiten", die wir als Broterwerb verrichten: Angenommen, ich träume seit meiner Kindheit davon, Bilder für Kinderbücher zu malen. Früh wurde mir von wohlmeinenden Menschen vermittelt, dass das eine „Sache ohne Zukunft" sei, eine ganz „unsichere Basis". So habe ich etwas „Ordentliches" begonnen und heute fehlt mir die Zeit, dieser Neigung wenigstens in meiner „Freizeit" nachzugehen. Es besteht die Notwendigkeit, Geld zu verdienen und meine Rentenversicherung zu bezahlen. Also arbeite ich vierzig Stunden in der Woche in einem Büro. Wenn ich abends erschöpft nach Hause komme, ärgere ich mich eher darüber, dass meinE PartnerIn dies oder jenes noch nicht erledigt hat, als dass ich mich mit ihm/ihr entspannen könnte. Nach einem 12-Stunden-Pflichtprogramm falle ich erschöpft ins Bett. Und morgen um 6.30 Uhr klingelt der Wecker wieder.

Ein erster Schritt könnte sein, mit meinem Vorgesetzten über eine Verminderung meiner Arbeitszeit, z.B. auf 30 Stunden pro Woche, zu sprechen – natürlich mit entsprechender Gehaltskürzung. Diese zehn gewonnenen Stunden verwende ich von nun an zu einem Drittel dafür, Kontakte zu Verlagen, Grafikern, Kinderbuchautoren zu schaffen. Zwei Drittel der Zeit male ich meine Bilder. Das „verlorene Viertel“ meines Gehalts ist genau der Betrag, den meine Rentenzusatzversicherung ausmacht und – auf das Jahr gerechnet – drei Tage meines alljährlichen Asienurlaubs. Ist es meine Vision, im Alter von 1.000 € monatlich Rente zu leben? Wie wahrscheinlich ist die tatsächliche Auszahlung meiner Rente? Was sind 1.000 € in 30 Jahren wert? Lebe ich dann noch?

Die Tatsache, dass etwa ein Fünftel der mir zur Verfügung stehenden Zeit bereichert ist um die Verwirklichung meines Traums, meine neuen, spannenden Kontakte und erste kleine Erfolge, stellt mich vor die Frage, ob ich nicht viel lieber hier – in meinem neuen, spannenden Leben leben will und die freigewordenen Energien darauf verwende, hier und jetzt ein phantastisches Leben zu manifestieren, statt drei Wochen an einem – zugegeben wunderschönen – weißen Strand abzuhängen und – vielleicht – mit 60 eine 2-Zimmerwohnung bezahlen zu können … .

Das war nur eine „kleine Lösung“, ein erster Test-Schritt in Richtung selbstbestimmtes, erfülltes und erfüllendes Leben … . Stell dir einmal vor, wie es sich anfühlt, wenn du dich ausschließlich mit den Dingen befasst, die dich mit Freude und Energie und Liebe erfüllen … .

Betrachten wir jetzt wieder, was täglich um uns geschieht: Menschen, getrieben von dem Zwang ungezählter Notwendigkeiten, hasten von Aufgabe zu Aufgabe, von Regel zu Regel. Hast du schon einmal ein vollendetes Kunstwerk gesehen, das mit der Intention von Druck und Zwang entstanden ist? Hat es sich gut angefühlt? Wolltest du es haben?

Und was für ein Szenario: Während wir also all die Regeln befolgen und ordnungsgemäß Aufgaben und Funktionen erfüllen, müssen wir auch immer noch ein Auge auf all die Gefahren haben. Wir müssen uns sichern gegen Unfälle, Arbeitslosigkeit, Krankheit, Alter … . Energetisch gesehen eine ungeheure Leistung! Eine gigantische Komplexität!

Stell dir einmal vor, was mit den Gefahren geschähe, wenn du deine Energie kurzerhand aus dem Notwendigkeitsnetz herauszögest und deine Aufmerksamkeit auf das, was tatsächlich jetzt IST, richten würdest: ausgeschlafen, aufmerksam und voller Tatendrang würdest du mit Erstaunen sehen, wie Leute von Treppen fallen, Freunde unerkannt aneinander vorbeihasten oder sich an Beruhigungsmitteln vergiften. Du hättest ständig neue Impulse und Ideen, deinen geliebten Themen nach zu gehen und sie mit anderen zu teilen. Wie eigenartig käme dir die Idee vor, stundenlang auf Ämtern zu verbringen und finanzielle Unterstützungen von minimaler Höhe zu beantragen.

Du hättest Zeit und Ruhe, um Freundschaften zu pflegen und Kinder großzuziehen, die, so wie du jetzt, im Falle eines Falles auch für dich sorgen wollten.

Selbstbestimmtheit oder Geworfenheit – die Logik der obigen Beschreibung zum Arbeitsleben und -verhalten lässt sich auf alle vier Lebensbereiche übertragen. Gleich, ob es sich um die Verfassung unseres „Ich Selbst", unserer „Du-Beziehungen", um die Qualität unseres Wirkens oder unseren Lebensraum handelt – Geworfenheit ist ein Konzept. Selbstbestimmtheit auch.

Unsere Gedanken und Gefühle neigen dazu, uns in bekannten Konzepten zu halten und bekannte Verhaltens- und Erfahrensmuster zu erzeugen. Wenn wir Ziele absichtsvoll wählen und verfolgen wollen, ist es gut zu wissen, wie wir „Störenfriede" auf ihren Platz verweisen – d.h. wir lernen, den Zeitpunkt und die Intensität dessen, worauf sich unsere Aufmerksamkeit richtet, vollständig selbst zu bestimmen.

Um diese dominanten Themen wieder unter die Herrschaft unseres Willens zu bringen, hilft es, sich die fünf maßgeblichen Bestimmungsfaktoren unseres selbstentfremdeten Gesellschaftssystems noch einmal genauer anzusehen: Sicherheit, Notwendigkeit, Zeit, Geld und Anerkennung.

7.1 Die Sehnsucht nach Sicherheit

Unsere Sehnsucht nach Sicherheit enthält meist die (irrige) Annahme, es könne einen Zustand geben, der ideal und von unbegrenzter Dauer ist. Schon während du diesen Satz liest, wirst du wahrscheinlich denken: „Den gibt es natürlich nicht." ... Doch weshalb richtet sich unser Bemühen, unser Sehnen immer wieder auf diesen irrealen Zustand? Weshalb setzen wir unendlich viel Kraft darein, Besitz, Position, Partnerschaft zu „sichern", wenn uns doch grundsätzlich klar ist, dass Leben sich im Wandel manifestiert? Und wie kommt es, dass die häufigsten Zusammenhänge, für die wir bewusst oder unbewusst Sicherheit anstreben, auf der Ebene des „Habens" – weniger auf der Ebene des „Seins" – erfolgen?

Nimm das hochaktuelle Thema der Arbeitsplatzsicherheit (wenn du bereits SelbständigeR bist, wirst du dennoch das Bedürfnis kennen, die Auftragsbücher weit über deine Kapazitäten füllen zu wollen). Viele Menschen bangen heute (zu Recht) um ihren Status als Angestellte. Sie gehen unendliche Zugeständnisse ein – sei es, was ihr Umfeld, ihre Aufgaben, ihren Arbeitsrhythmus oder schlicht die Arbeitsatmosphäre betrifft –, nur um ihren Arbeitsplatz zu „sichern". Sie verzichten auf Ruhepausen, entfremden sich von ihren natürlichen Begabungen zugunsten von Funktionen, die sie übernehmen – wofür das alles?

Die Argumentation lautet meist: „Als AngestelteR weiß ich wenigstens, was ich habe. Ich bekomme regelmäßig mein festes Gehalt, habe eine bestimmte Anzahl von Urlaubstagen und habe mir eine Position in dem Team, in dem ich arbeite, geschaffen." Und aus der Illusion der Sicherheit wird dann die „Notwendigkeit" abgeleitet. Was alles zu tun ist, um zu „sichern" – auch wenn es gegen die eigenen Bedürfnisse oder Überzeugungen geht ... .

Dabei weiß heute wirklich jeder, dass die Sicherheit eines Arbeitsplatzes nicht über den gesetzlichen Kündigungsschutz hinausreicht. Genauso, wie einE SelbständigeR mit einem Mal mit leeren Auftragsbüchern konfrontiert sein kann, so kann von heute auf morgen die Kündigung auf deinem Tisch liegen. Und dann? Bleibt dir bei deinem Anspruch nach Sicherheit nur noch der Zusammenbruch?

Überdenke deine Vor-Stellung von Sicherheit noch einmal. Wie viele „Zugeständnisse" machst du, um Veränderung zu vermeiden?

7.2 Das Konzept der Notwendigkeit

Viele Menschen beklagen sich über gleiche Aspekte ihres Lebens: Sie verdienen zu wenig Geld, sie arbeiten zu viel, sie haben unangenehme Kollegen, Vorgesetzte, Kunden, ihre Partnerschaft ist öde geworden, sie können sich nicht dem widmen, was ihnen wirklich wichtig ist ... . Wenn man die Ursachen für diesen bedauernswerten Zustand hinterfragt, erfährt man, dass es einfach Notwendigkeiten gibt, die „gegeben sind", die man „tun muss" und für die andere verantwortlich sind.

Ist das bei dir anders? Weißt du, was du willst? Richtest du all deine Aufmerksamkeit, all deine Entscheidungen auf die Realisierung deiner Visionen und Ziele? Kennst du das ausgesprochene Vergnügen, immer wieder festzustellen, wie viele verschiedene, interessante Wege dir hierfür offen stehen? Wie oft weichen diese Optionen gewissen Zwängen und Notwendigkeiten, die dich daran hindern, den attraktivsten Weg direkt auf dein Ziel zuzugehen ... .

Nachfolgend kannst du gleich testen, wie dein Verhältnis zu den unabdingbaren Notwendigkeiten aussieht.

Übung 1: Notwendigkeit und Entscheidung

Entlarve deine selbst gemachten Zwänge, indem du dir über automatische Entscheidungsvorgänge – die tatsächlich nur Re-Aktionen sind – bewusst wirst. Mit der zunehmenden Wahrnehmung deiner Wahlfreiheiten wird zugleich ein tieferes Verständnis für die Haltung der Eigenverantwortung in dir wachsen.

Sei während der Übung besonders aufmerksam, wenn du beginnst, alle nur erdenklichen Unabänderlichkeiten deines fremdbestimmten Lebens zu benennen. Es bringt dich nicht weiter! Was dich über deine Wut, Trauer oder deine ungestillten Bedürfnisse wirklich hinausbringt, sind die Spielräume, die dir für deinen persönlichen Entscheidungs- und Handlungsraum offen stehen. Und die liegen bei dir, in deinem Leben, nicht in der Persönlichkeit oder Verhaltensweise anderer Menschen, nicht in Umweltgegebenheiten, die du für unabänderlich hältst.

Schreibe eine Liste der Gegebenheiten und Menschen, die dazu führen, dass du bestimmte Dinge tun *musst.* Was macht die Gegebenheit zur Notwendigkeit für dich?

Überlege, woran die jeweilige Gegebenheit dich hindert. Notiere nun hinter jeder Notwendigkeit, wer eben diese definiert hat bzw. was geschehen würde, wenn du diese Notwendigkeit missachten würdest. – Welche dieser Folgen könntest du bei näherer Betrachtung riskieren?

Gestalte Wege, mit denen du durch aktive Veränderung der „Gegebenheiten“ das Hindernis überwindest und bei denen du gerade so viel riskierst, wie du bereit bist einzusetzen.

Lehn dich zurück. Betrachte, was du bisher gewählt hast – und zu welchem Preis. Betrachte es, indem du dich auf verschiedene Gefühle (jedes für sich eine Weile lang) einlässt: Wut, Verzweiflung, Erschöpfung, Trauer ...

Notiere auf einem Zettel die Menschen, von denen du unabänderlich meinst, verletzt, gedemütigt, gezwungen, betrogen worden zu sein. Füge schließlich noch an, welchen anderen Kräften und Mächten du dich ausgesetzt fühlst.

Was die unschönen Erfahrungen mit Menschen betrifft, so lässt sich doch immer wieder beobachten, dass zum einen die Eigenschaft oder Verhaltensweise, die uns an einem anderen als Hindernis oder Provokation begegnet, sich – manchmal in gut getarnter Form – auch in uns selbst wiederfindet. Energetisch funktioniert das über das Phänomen der Resonanz . Sieh nun noch einmal auf das Blatt mit der Auflistung jener Menschen, durch die du Schmerzen erfahren hast, und prüfe, ob du nicht die eine oder andere Resonanz entdecken kannst.

Außerdem ist über Zeiten und Generationen hinweg das Phänomen des Phoenix zu beobachten: Neues kann erst entstehen, wenn Altes besiegelt ist. Überlege, was in deinem Leben unmittelbar nach dem Konflikt mit den jeweiligen Menschen passiert ist (nach der Krise).

Für die apersonalen Zwänge, die du in deinem Leben aufgespürt hast, mag sich folgendes Gedankenspiel als äußerst inspirierend erweisen: Frage dich, was die radikalste Form deiner Abwendung oder deines Widerstandes wäre gegen die „Macht", die du auf deinem Zettel stehen hast? Was würdest du dadurch verlieren?

Hättest du beispielsweise bei der Übung beschrieben, dass du für Leute arbeiten musst, die versuchen, dich um dein Honorar zu prellen, so könnte die Abwendung von der Notwendigkeit, Aufträge von solchen Menschen anzunehmen, zur Folge haben, dass du gar keine Aufträge bekommst. – Was würdest du dadurch verlieren? Wenn du für Menschen, die ohnehin nicht vorhaben, dich zu bezahlen, keine Aufträge ausführst, verlierst du einfach Stress. Worauf es hier doch eigentlich ankommt ist, dass du lernst, die Menschen zu erkennen, die auf einer Ebene mit dir liegen und die sich an Vereinbarungen halten. Keineswegs handelt es sich also um einen apersonalen Zwang, dem du ausgeliefert bist.

Wenn die Botschaft dieses Abschnitts bei dir angekommen ist, wirst du künftig nach Kriterien und Wegen Ausschau halten, die deinen Zielen entsprechen, statt dich in einem fremden Zusammenhang ausgeliefert wahrzunehmen.

7.3 Rasende Zeit

Was hat die chronische Zeitnot in deinem Leben schon alles verursacht? – Wie kommt es, dass so viele Menschen keine Zeit für ihre Freunde, ihre Kinder, ihre eigene Regeneration haben? Wie kommt es, dass die Aufgaben, die wir übernehmen, uns das Gefühl geben, sie seien in der gegebenen Zeit kaum zu erledigen? Wie sehen Tätigkeiten und ihre Ergebnisse aus, bei denen das Vorangegangene kaum aus dem Raum ist und das Nächste bereits auf der Schwelle steht? Sind ihre Ergebnisse befriedigend? Macht ihre Ausführung Spaß?

Und einmal ganz abgesehen davon: Wie kommt es zu diesen unzähligen Verpflichtungen, Terminen, „Dead Lines"? Welche Rolle spielt dabei deine Vorstellung von „Zuverlässigkeit"? Geht es dabei um den „Haken" hinter der Joblist – oder geht es auch darum, wie du deine Jobs erfüllst und weitergibst?

Bereits eingangs wurde der Zusammenhang zwischen den Konzepten „Sicherheit“ und „Notwendigkeit“ mit der chronischen Zeitnot vieler Menschen angesprochen. Zeitnot und Hast sind Folgeerscheinungen einer auf die Zukunft gerichteten Lebenseinstellung und der daraus hergeleiteten Verbindlichkeiten: Wenn ich in zehn Jahren ein Haus besitzen will, muss ich von heute an täglich 120 Euro mehr verdienen, als ich jetzt brauche. Also muss ich bei einem Stundensatz von 40 Euro drei Stunden täglich mehr arbeiten. ... Wenn ich in drei Jahren Partnerstatus in meiner Firma erlangt haben will, muss ich von heute an auch nachts und am Wochenende verfügbar und einsatzbereit sein. – Merkst du, wie die „Muss-Voraussetzungen“ wachsen und das Zeitbudget schrumpft?

Wenn also diese Art von Zeitmangel herrscht, gibt es bereits vorab Annahmen über die Zukunft und die Zusammenhänge zwischen erwünschten Zuständen und vorab zu erbringenden Pflichten. Daher wird es nicht ganz leicht sein, deine Zeitnot zu lindern, wenn du auf deinen bisherigen Sicherheits-Vor-Stellungen und den damit verbundenen „Notwendigkeiten“ beharrst.

In jedem Fall lohnt es sich, deinen bisherigen Umgang mit deiner (begrenzten Lebens-)Zeit einmal genauer unter die Lupe zu nehmen.

Übung 2: Umgang mit Zeit

Erstelle eine dreispaltige Liste.

Stelle in der ersten Spalte fünf bis sieben Aktivitäten zusammen, die dir Spaß machen, dir Kraft und Lebensfreude bringen. Ordne nach dem positiven Effekt dieser Aktivitäten.

Schreibe daneben, in die zweite Spalte, welche Aufgaben für dich derzeit vorrangig sind, wenn du von deinem alltäglichen Ablauf und deinen kurz- bis mittelfristigen Zielen ausgehst. Was willst du gut und bald erreicht oder fertig gestellt haben? Ordne nach Prioritäten.

Nimm einen weiteren Zettel zur Hand und rekapituliere nun die vergangene Woche. Gehe Tag für Tag, Stunde für Stunde noch einmal durch und vergegenwärtige dir, mit welchen sechs bis sieben Dingen du in der vergangenen Woche viel Zeit verbracht hast. Notiere hinter jedem Punkt:

- ➜ wie viel Zeit du für diese Dinge aufgewendet hast,
- ➜ mit welchem Ziel,
- ➜ mit welchem Ergebnis
- ➜ und auf wessen Aufforderung/Erwartung hin du das gemacht hast.

Trage die Aktivitäten nach ihrem Zeitverbrauch geordnet dann in die dritte Spalte ein.

Vergleiche die Aktivitäten, die du in die ersten beiden Spalten eingetragen hast mit denen, in die du wirklich Zeit und Energie gesteckt hast – stimmen sie überein?

Tipp: Vielleicht kannst du vor allem die Verwendung der Ressource „Zeit“ nicht mehr präzise wiedergeben. Oder manche Ressourcen wurden synchron für mehrere Aktivitäten eingesetzt und sind nicht eindeutig zuordbar. Es kann hier helfen, eine Zeitlang sehr diszipliniert zu sein und ein Zeittagebuch anzulegen. Wenn du das einmal gemacht hast, ist deine Wahrnehmung von deinem Zeiteinsatz grundsätzlich geschärft und du hast ein realistischeres Bild bekommen von der Zeit, die für dich in bestimmten Situationen nötig ist. – Notiere hierfür mindestens drei Wochen lang abends, was du unter Verwendung welcher Ressourcen getan hast. Grenze vorab die dir wichtigsten Ressourcen ab und mach sie messbar. Bei Aktivitäten, die gleichzeitig auf dieselbe Ressource zurückgreifen, schätze Anteile.

7.4 Der Mechanismus des Geldes

Geld ist so oft Thema in meinen Seminaren und Coachings. Schon früh begann ich mich für die drei Energieformen, die Menschen am meisten bewegen – oder in Bewegung setzen –, zu interessieren: Liebe, Geld und Macht. Geld ist Kristallisationspunkt dieser drei Ebenen.

Dieses Abstraktum – etwas, das nicht einmal natürlich manifestiert ist, sondern mit seiner Substanzlosigkeit ungeheure Dynamik und Kraft entfalten kann – faszinierte mich schon als Kind und ich fragte meinen Vater, was Geld eigentlich sei und wie es entsteht. Er erklärte mir, Geld sei ein Tauschmittel. So in etwa: Zwei Parteien haben einen Wunsch. Die eine Partei hat das, was den Wunsch der anderen Partei erfüllt – ein Auto, eine Fähigkeit, körperliche Aspekte – und die zweite Partei hat nicht, was die andere Partei sich wünscht. Damit der Tausch – der ja eigentlich nur einseitig den ursprünglichen Wunsch befriedigt – zustande kommt, gibt die nicht-habende Partei der habenden Geld.

So weit hatte ich das auch beobachtet – aber ich wunderte mich immer, warum die Partei, die das Geld bekommen hat, sich auf den Tausch einließ, denn ihr Wunsch war ja nicht erfüllt, gleichzeitig hatte sie weggegeben, was sie zuvor besaß. – Ich studierte, um das herauszufinden, und die Antwort meiner Professoren war: *Geld eröffnet dem Besitzer nun einen größeren Tauschkreis, um den eigenen Wunsch zu erfüllen, weil (fast) jeder gegen Geld tauscht, was er hat und (fast) alles für Geld zu haben ist.* Das fand ich faszinierend: Jeder würde für Geld tauschen, was er hat, obwohl Geld doch gar keine richtige Wunscherfüllung ist.

Ich wurde Ökonomin, begab mich zu den vielen, machtvollen Umschlagplätzen des Geldes, sammelte selbst viel Geld – und forschte weiter. Ich machte zwei bemerkenswerte Entdeckungen:

1. In der Tat waren die meisten Menschen, denen ich begegnete, bereit, (fast) alles, was sie hatten, gegen Geld zu tauschen. Wenn ich sie aber fragte, welchen Wunsch sie sich mit all dem Geld erfüllen wollten, dann bekam ich selten eine klare Antwort.
2. Die Aussage, dass man (fast) alles für Geld bekommen kann, traf nach meinen Beobachtungen auch zu. Wenn ich die Menschen um mich herum jedoch fragte, wonach sie sich am meisten sehnten, dann waren das meist Dinge, die ausnahmsweise nicht für Geld zu haben waren.

Überall sah ich Menschen, die große Anstrengungen unternahmen, in den Besitz von Geld zu kommen. Sie verbrachten einen großen Teil ihrer Zeit in Umgebungen und mit Tätigkeiten, von denen sie sagten, dass sie ihnen nicht gut täten. Sie benahmen sich eigenartig, wenn sie mit anderen um Geld wetteiferten: Sie brachen Versprechen, sagten die Unwahrheit, warfen Ideale über den Haufen, und was mich am meisten erstaunte: *Sie vergaßen ihre ursprünglichen Wünsche. An ihre Stelle war – zumindest auf der Ebene des bewussten Handelns – Geld selbst als Wunsch getreten.*

Und wiederum machte ich eine Entdeckung: Geld hat eine ganz erstaunliche Wirkung für den, der es um seiner selbst begehrt:

- ➜ Geld befriedigt keine originären Wünsche: Es ist Pfand für einen unerfüllten Wunsch.
- ➜ Das Bedürfnis nach Geld ist nie befriedigt: Es hat den Immer-Noch-Mehr-Effekt.
- ➜ „Kein-Geld“ ist eine Vorstellung, die ungeheure Ängste bei den meisten Menschen wachruft und somit zu den Notwendigkeits-Ideen führt: „Ich muss Geld verdienen!“
- ➜ „Viel-Geld“ hat einen ganz ähnlichen Effekt: Auch der Besitz einer großen Menge an Geld verursacht Angst, nämlich das Geld zu verlieren.

Die meisten Menschen erschienen mir, als seien sie in eine energetische Spirale geraten, die sie selbst nicht mehr steuerten.

Mit der Zeit traf ich aber auch mehr und mehr Menschen, die Geld beherrschten. Das interessierte mich: Warum wirkte der Effekt des Geldes bei ihnen nicht? Was ich herausfand war, dass diese Menschen zum einen besondere Eigenschaften haben, zum anderen, dass ihr Verhältnis zum und ihr Umgang mit Geld anders ist als der der meisten anderen:

- ➜ sie leben selbstbestimmt, d.h. es gibt in ihrer Wahrnehmung kein Notwendigkeits-Konzept. Art und Weise ihres Handelns sind bewusst und selbst gewählt;
- ➜ sie handeln von Herzen, d.h. der wesentliche Handlungsimpuls und die Wirkung ihres Handelns ist die Liebe;

- sie haben eine klare Vision und entsprechende Ziele, die in sich harmonisch sind; diese Visionen und Ziele haben „Substanz", d.h. jeder Schritt auf dem Zielweg erzeugt Energie und die Manifestation des Ziels ist Erfüllung; Geld (für sich) ist für keinen dieser Menschen Ziel;
- sie richten all ihre Energie bedingungslos auf die Verwirklichung ihrer Vision – und eine dieser Energien ist das Geld, das ihnen zukommt;
- sie übernehmen volle Verantwortung für ihr Handeln, ihr Wirken und das „was ihnen geschieht"; deshalb haben sie selten Angst;
- sie sind nie in Geldnot – irgendwie haben sie immer alles, was sie gerade für den nächsten Schritt auf ihrem Weg benötigen – manchmal ist das unter anderem Geld;
- sie sammeln oder halten Geld nicht zurück, sondern setzen es recht unmittelbar und großzügig ein;
- der gezielte Einsatz des Geldes wirkt wie ein Katalysator für die Verwirklichung ihrer Vision.

Die Menschen, die ich hier beschreibe, sind keine Heiligen. Aber es sind Menschen, die glücklich sind und Glück erzeugen. Es ist ihnen gelungen, ihre Vision zu erkennen und an ihr festzuhalten, klare Ziele zu formulieren und ohne Angst alles, was sie haben, auf deren Verwirklichung zu richten. Und dabei haben sie letztlich nur eines getan: Sie haben vertraut und folgten Begebenheiten, die sich aus der Liebe zum Leben ergaben.

Für einen Menschen, der sich mitten in der postindustriellen Leistungsspirale befindet, mag diese implizite Aufforderung zunächst „utopisch" anmuten. Du wirst wahrscheinlich selbst bald an Punkte kommen, an denen dein Mut gefragt ist, dich von den beschriebenen Angst-Mechanismen des Sicherheits-Konzepts loszusagen. – Diesen Mut kann ein Mensch aufbringen, der sich seiner Kraft und seiner Vielseitigkeit bewusst ist, der Unabhängigkeit ebenso liebt wie Verbundenheit und vor allem: der bereit ist, die ganze Verantwortung für sein Leben zu tragen. – Was meinst du, bist du ein solcher Mensch?

7.5 Die Abhängigkeit von Anerkennung

Nach den bisherigen Überlegungen dürfte es nicht mehr schwer fallen, auch das Thema „Anerkennung" in Bezug zu den Konzepten der Selbstentfremdung – Sicherheit und Notwendigkeit zu setzen: Ein Mensch, dessen größte Aufmerksamkeit auf die Zukunft gerichtet ist – oder vielmehr: auf die Hindernisse, die einem erfüllten zukünftigen Zustand entgegenstehen könnten –, der in seiner menschlichen, sich in stetem Wandel befindlichen Existenz viel Kraft aufwendet, um Zustände als „sicher“ zu fixieren, der voller Hast er-ledigt statt er-lebt und Träume mittels Geld auf „später“ verschiebt – ein solcher Mensch hat wenig übrig (im tiefsten Sinne des Wortes) für die Lebensfreude.

Freilich meine ich mit „Lebensfreude“ hier nicht die fahrplanmäßigen Urlaube und sozialen Zusammenkünfte, die wie ein Karamellbonbon das Lebensinsulin kurz auf ein bescheidenes Maximum hochschnellen lassen, um dann tiefer denn je in den Mangel zu sinken. – Was also letztlich resultiert aus einem „Leben nach Konzept“ ist *Mangel.* Ein Mangel an Lebendigkeit, der nicht zu sättigen ist durch leblose Vorstellungen oder blinden Konsum.

Leben ohne Lebendigkeit? Das hält der stromlinienförmigste Zukunftsmacher nicht aus! Woher nehmen also, wenn nicht stehlen? Anerkennung! Das emotionale Feedback, das überfällige Lob, der tiefe Respekt oder einfach die treue Gefolgschaft anderer Menschen soll´s bringen. Und ob es sich hier nicht doch um Diebstahl handelt, möge dahingestellt bleiben. – So wetteifern wir bei jeder Gelegenheit, beim Business-Meeting ebenso wie an der Wursttheke, bei erotischen Exkursionen genauso wie bei der Einforderung von Liebesbeweisen unserer GefährtInnen, um An-Erkennung. Was aber erkennen, wenn dort nur eine Standardleistungsmaschine an der anderen vorbeirennt? Wer hat heute schon Zeit, Muse und Kraft, innezuhalten und wahrhaft wertzuschätzen?

Wir haben die Austauschbarkeit der Konzepte bereits an anderer Stelle kennen gelernt. Und auch die Anerkennung hat ihren leblosen Ersatz: *Macht.* – Wenn die aus der Verbundenheit entstehende Anerkennung nicht zu haben scheint, behilft sich ein ausgehungerter Mensch schon so manches Mal der kleinen „Tricks“, die wenigstens ein kleines Fünkchen emotionaler Lebendigkeit versprechen.

Macht manifestiert sich nicht nur in den klassischen Positionen, an denen Schicksale und Ressourcen für viele andere Menschen gehalten und gesteuert werden. Sie drückt sich täglich aus in den Momenten, in denen aus dem Hunger nach Lebendigkeit Projektion und Erwartung werden. – Wie ist es bei dir? In welchen Situationen erhoffst du Anerkennung? Und wie forderst du sie ein? Worauf beziehst du deinen Anspruch, gelobt, geliebt, gefördert zu werden?

Aber in dem Spiel mit der Aufmerksamkeit, mit dem Lebenselixier von außen, hat es noch etwas auf sich. Wir kennen diese Situation am ehesten aus familiären oder partnerschaftlichen Beziehungen: Nehmen wir zum Beispiel einen schwer beschäftigten Gatten: Aus „kleiner“ Familie stammend und von Jünglingsbeinen an die wohlsituierte Bürgerstochter begehrend, hat er nach langen Jahren harter Arbeit nun endlich den

Status erwirtschaftet, der sie und ihre Familie zum Ja-Wort brachte. Wie jeden Montag in den vergangenen Ehejahren hastet er auch heute durch den vollgepackten Arbeitstag, ist wichtig, ist fleißig, hat Profil. Am Nachmittag verhandelt er zudem eine satte Gehaltserhöhung. Eine gute Nachricht für den Abend – die von ihr so lange gewünschte Karibikreise darf nun in Erfüllung gehen. Wie ein Lichtblick erscheint die harmonische Zweisamkeit des Wochenendes immer wieder in seinem überquellenden Tagesablauf. Zutiefst erschöpft, doch liebenden Herzens besorgt er auf dem späten Heimweg noch einen Blumenstrauß, voll freudiger Erwartung auf einen friedlichen Abend zu Hause. Beim Öffnen der Haustür empfängt ihn ein Brief. Mit großer Geste verabschiedet sich die Gattin, die sich über all die Jahre nur an zweiter Stelle fühlte – nach seiner Karriere –, die viel zu lange auf seine Liebe, seine Aufmerksamkeit gehofft hatte und nun einen Schlussstrich zieht.

Dieses klassische Beispiel birgt zwei Ansatzpunkte für unseren Umgang mit dem Bedürfnis Anerkennung: Aus der *Sicht des Gatten* betrachtet fällt auf, dass ein wesentlicher Motor seiner Lebensgestaltung eine Erwartung enthielt: die nämlich, dass sein lebendiger Wunsch, mit dieser Frau zusammenzuleben, an die Bedingung geknüpft sei, Status bieten zu können. Somit ist er in die verhängnisvolle Falle geraten, sich nicht nur von sich selbst und seinem ursprünglichen Bedürfnis zu entfremden, sondern auch in die, seinen Gestaltungsbereich auf den seiner Frau zu beziehen. – Interessanter für unser aktuelles Thema ist sogar noch die *Wahrnehmung der Gattin:* Sie fühlte sich nicht geliebt, erwartete mehr Anerkennung, Präsenz, wollte gesehen werden von ihrem Mann. Sie hatte dabei offenbar so „klare" Vorstellungen davon, *wie* sich diese Anerkennung zu äußern habe, dass sie augenscheinlich völlig übersehen hat, dass ihr Mann viele Jahre hindurch seine Liebe und Anerkennung zum Ausdruck gebracht hat, indem er versuchte, ihr gerecht zu werden.

Ich fragte dich bereits: Worauf beziehst du deinen Anspruch, gelobt, geliebt, gefördert zu werden? Jetzt frage ich dich: Wir kommst du auf die Idee, NICHT gelobt, geliebt, gefördert zu werden?

Mit einem offenen Herzen, das wahr-nimmt statt zu er-warten, das sich authentisch zum Ausdruck bringt, statt zu interpretieren, wirst du eine ganze Reihe liebevoller Gesten, förderlicher Begebenheiten und Zeichen von Wertschätzung in deinem täglichen Leben entdecken. Und dies umso mehr, je mehr du selbst dich in einer aufmerksamen, liebevollen und wertschätzenden Haltung bewegst ... .

8. Techniken zum Raumschaffen

Ich hoffe, du konntest einige der uns kollektiv betreffenden „Entfremder" in deinem Leben identifizieren. So unangenehm es sein mag: Um sie auf einen weniger schädlichen Platz zu verweisen, musst du sie erkennen und für ihre Kraft in deinem Leben auch voll und ganz die Verantwortung übernehmen. – Aus dieser Position ergibt sich dann ein guter Startpunkt, Raum zu schaffen:

8.1 Sicherheit im Sein – Freiheit im Tun

Du kannst die Zwänge, die sich aus einem „Sicherheitswahn" ergeben, in einer Weise loswerden, die dir erlaubt, dich sicher und wohl zu fühlen, ohne dass du neue Abhängigkeiten und Zwänge schaffst. Grundsätzlich gibt es zwei Ebenen, das Bedürfnis nach Sicherheit nicht zur totalen Beschränkung auswachsen zu lassen, sondern eigenverantwortlich zu handhaben:

Zum einen gilt es, die Angsthaltung, die hinter den Sicherheitsbemühungen liegt, nämlich einen auskömmlichen Zustand, zu verlieren. Das gelingt, wenn du deine „Interpretationsmaschine" in den Griff bekommst und Neues, Unbekanntes zunächst beobachtest, statt dich sogleich auf Risiken und Gefahren zu stürzen. Es ist die Kunst des urteilsfreien Blicks, der eine ungeahnt weite Perspektive auf Handlungsmöglichkeiten eröffnet.

Zum anderen – und das ist der wesentliche Punkt in Fragen Sicherheit – geht es um den Aufbau einer *inneren* Sicherheit, die stärker und tragender sein kann als alle Sicherheiten, die du dir von außen erhoffst. Die Empowerment-Arbeit richtet sich an diesem Punkt auf dein Selbstvertrauen und die Bewusstheit über deine persönlichen Stärken, Werte und Chancen.

Übung 3: Der erweitete Blickwinkel – Beschreiben statt Bewerten

Unsere Wahrnehmung wird von Kind auf modifiziert. Wir lernen, bestimmte Dinge zu fokussieren, übernehmen (Be-)Wert(-ungs)-Systeme und ergänzen sie um Erfahrungen. Diese „Filter" sollen uns in einer komplexen Umwelt dazu dienen, uns zu orientieren. Sie sagen uns, was gut und schlecht, verwerflich und wünschenswert, zielführend und hinderlich ist. Und so weiter ... – Irgendwann haben wir uns zu „Persönlichkeiten" mit einem klaren „Profil" entwickelt, d.h. wir haben eine mehr oder weniger feste Meinung darüber, was gut und was schlecht, was möglich und unmöglich ist. Wir wissen, welche Menschen „wert sind, gehört zu werden" und welche nicht. Wir haben uns „integriert".

Bei aller Prägnanz dieses individuellen Profils geht uns dabei ein wesentlicher Teil unserer Wahrnehmungsfähigkeit und Flexibilität verloren. Die Filter, durch die wir unser Leben wahrnehmen, sind uns oft gar nicht mehr bewusst. Wir handeln und erkennen also nicht mehr in Bezug auf die jeweilige Situation und von Herz und Willen gesteuert, sondern automatisch innerhalb eines mehr oder weniger eingeschränkten Rahmens. Dieser Rahmen ist gegeben durch sogenannte Glaubenssätze.[5] Diese Glaubenssätze sind Interpretationen und Überzeugungen, die sich auf unserem Lebensweg in uns gefestigt haben und unseren Wahrnehmungs- und Erfahrungsraum definieren. Es gibt zum Beispiel viele Menschen, die auf der Basis eines Glaubenssatzes „Ich bin nicht gut genug" leben und er-leben.

Innerhalb eines fixierten Wahrnehmungsradius können wir auch immer wieder nur die gleichen Erfahrungen machen. Wenn wir unseren Erfahrensraum also verändern wollen, gilt es, das alte Glaubenssystem zu hinterfragen und zu öffnen. Wie aber richten wir Aufmerksamkeit und Willen aus, wenn unser Glaubenssystem immer weniger „festes Geländer" bietet?

Letztlich ist es unser Herz, das zum Vorschein kommt hinter all den verstaubten Glaubenssätzen. Und unser Herz braucht die „volle Information", um mit Willen und Handlung kraftvoll in Kontakt treten zu können. Du musst dafür lernen, verkürzende Interpretationen und Bewertungen wieder zu vollständiger, unvoreingenommener Beobachtung werden zu lassen.

Über sprachliche Beobachtung und Präzision kommst du der Manipulation deiner Wahrnehmung und deines Ausdrucks auf die Schliche. Durch absichtsvolle Wortwahl lernst du, deine Wahrnehmung auch jenseits der Sprache erheblich zu erweitern. Und es erschließt sich dir eine neue Dimension der Wahrnehmung von Umfeld, Interaktion und Kommunikation. – Die folgenden Übungen dienen dazu, deinen Blick-

---

5 Hierzu folgen ausführliche Übungen.

winkel wieder flexibler zu machen, um dic „volle Information“ über Menschen, Begegnungen und Situationen in deinem Leben zu erhalten.

Beschreibe mit wenigen Sätzen
- ➜ deine derzeitige Arbeitssituation;
- ➜ deineN VorgesetzteN/deineN derzeit wichtigsteN AuftraggeberIn;
- ➜ eineN Kollegen oder GeschäftspartnerIn, mit dem/r du nicht so gut zusammenarbeiten kannst;
- ➜ deineN LebenspartnerIn oder besteN Freund/In.

Nimm nun die innere Position deines/r Vorgesetzten bzw. AuftraggeberIn ein und beschreibe
- ➜ dessen/deren derzeitige Arbeitssituation;
- ➜ seine/ihre Sicht auf deineN ungeliebten Kollegen bzw. GeschäftspartnerIn;
- ➜ seine/ihre Sicht auf dessen derzeitige Arbeitssituation;
- ➜ seine/ihre Sicht auf dich;
- ➜ seine/ihre Sicht auf deine derzeitige Arbeitssituation.

Jetzt blicke mit den Augen deines/r Lebensgefährten/in bzw. besten Freundes/in auf euch und beschreibe
- ➜ ihn/sie;
- ➜ eure Beziehung;
- ➜ dich.

Wenn du die Möglichkeit hast, frage die beiden beschriebenen Personen direkt nach ihrer Sicht, nachdem du vorher notiert hast, was du vermutest.
Vergleiche die verschiedenen Aussagen zu denselben Personen/Umständen. Ist es nicht erstaunlich, wie sich die Wirklichkeit ändert, je nachdem, aus welcher Richtung und durch welche Filter der Betrachter eine Situation sieht?

Betrachte jetzt deine Beschreibungen: Wo hast du beschrieben, wo bewertet?
Es ist nicht ganz leicht, immer zwischen Bewertung und Beschreibung zu unterscheiden. Hier einige Hinweise:

Hinweise auf beschreibende, beobachtende Aussagen	Hinweise auf bewertende Aussagen
→ greifbar: es entsteht ein Bild im Kopf des Zuhörers → mit hoher Wahrscheinlichkeit von einem Dritten nachvollziehbar → sachlich, konkret → differenziert, präzise → qualitative Adjektive → detailliert unter Darstellung der Zusammenhänge → Menschen reagieren auf Beobachtungen oder Beschreibungen häufig mit Nachfragen (denn sie bemühen sich, das beschriebene Bild in ihrem Kopf zu rekonstruieren und zu vervollständigen)	→ spürbar: es entsteht eine Einstellung gegenüber der beschriebenen Person oder Sache im Kopf des Zuhörers → Gefühlsäußerungen ohne Ich-Bezug → Zuschreibungen von Eigenschaften → enthalten tendenziell Vermutungen, Schlussfolgerungen, Interpretationen → Vergleiche → Verallgemeinerungen → Etwas ***ist*** ... (Zementierung, Absolutaussage). → pauschalierende bzw. generalisierende Aussagen – immer, häufig, alle (die) ... → Menschen reagieren auf Bewertung wie auf Kritik: sie wehren ab

Bewertung fixiert dich auf eine bestimmte Position und ist damit ein Gefäß für Glaubenssätze. Hierzu werden wir später noch einmal ausführlich forschen. Für jetzt genügt es, wenn du folgende Hinweise beherzigst:

→ Wenn du willst, dass jemand im Gespräch offen bleibt, vermeide Wertungen, denn damit zwängst du deinem Gegenüber dein persönliches Empfinden zum Sachverhalt auf. Das wird entweder zu Widerstand deines Gegenübers führen oder dir selbst die Chance nehmen, die persönliche Position deines Gegenübers offen zu erfahren.

→ Bewertungen basieren auf einem Urteil. Wenn du diese Bewertung nicht absichtsvoll gewählt hast, bringst du dich selbst um die Möglichkeit, eine dir und der Situation angemessene Position aus der Beobachtung zu wählen und frei zu entscheiden.

→ Wenn du den Impuls hast, etwas zu sagen oder zu tun: Prüfe erst, was bewertet und was beobachtet ist. Wenn dir daran liegt, deine persönliche Empfindung zum Beobachteten auch mitzuteilen, dann mache deine Empfindung als solche sichtbar. Vermenge sie nicht mit der Beobachtung des Sachverhalts!

→ Lerne zu unterscheiden: Wann bist du fixiert in deinen Gedanken und wie kannst du dich befreien.

→ Es ist meist viel aufwändiger, eine Beobachtung wiederzugeben als eine Bewertung. Bewertungen verkürzen allerdings nicht erst auf der Wiedergabe-Ebene, sondern bereits geistig auf der Wahrnehmungsebene. Daher lohnt es sich auch in dynamischen Situationen, dir die Zeit zur mehrseitigen Betrachtung des jeweiligen Sachverhalts zu nehmen.

➜ Wenn es um zwischenmenschliche Dinge geht, sind wir geneigt, Sachverhalt und Person zu vermengen. Lerne, Sachverhalte und Personen für sich zu betrachten, sonst verbaust du dir möglicherweise wertvolle Zugänge zu Menschen, die du allzu schnell mit einer bestimmten Situation „verknüpft" hast.

➜ Selbstverständlich wird deine Wahrnehmung kaum einmal ganz frei sein von deiner Eigenart und deinen Erfahrungen. Was sich allerdings ändert, wenn du dich im bewertungsfreien Beobachten übst, ist dein Erfahrungs*raum.*

Es ist eine der Chancen, die im Empowerment liegen, dich von deinem selbstgebauten Gefängnis der fixierten Sichtweise, Haltung und Verhaltensweise zu befreien. Probier´s aus! Es ist ein sehr souveränes Gefühl, Sachverhalte und Menschen aus ganz verschiedenen Blickwinkeln zu betrachten. Wenn du dir dabei noch bewusst darüber bist, von wo aus du blickst, also auf Basis welcher Annahmen und Überzeugungen, vervielfacht sich dein innerer und äußerer Spielraum beeindruckend. *Ein offenes Herz sieht einfach mehr!*

8.2 Sicherheit von innen heraus

Der Kern des Empowerment-Trainings liegt freilich in der Entfaltung deines gesamten persönlichen Potenzials und in der Gestaltung von Wegen, die dir Authentizität und Integrität eröffnen.

Authentisch – echt, ohne Verstellung oder Anpassung – durch die Welt zu gehen spart nicht nur unglaublich viel Energie und die ständige Befürchtung, „unpassend" zu sein, zu handeln oder zu erscheinen. Vielmehr lässt Authentizität den Menschen, der du bist, strahlen und mit einer Präsenz leben, die für förderliche Menschen und Begebenheiten wie ein Magnet wirkt.

Integer zu sein und zu handeln bedeutet, in innerer Harmonie zu sein: gemäß den inneren Werten und Bedürfnissen Sein und Tun in Einklang zu bringen. Wenn uns das nicht gelingt, haben wir vor allem mit inneren Zweifeln oder Widersprüchen zu kämpfen, die unsere Aussagen und Taten auf unsichere Beine stellen und unsere Aufmerksamkeit stören. Das entgeht natürlich auch deinem Umfeld nicht, dass sich bei solchen spürbaren Dissonanzen ebenfalls irritiert fühlt und möglicherweise mit Misstrauen oder Missverständnissen reagiert.

Der reinen Entdeckung deines Wesens wirst du dich im nächsten Arbeitskapitel ausgiebig widmen. – An dieser Stelle soll dir als kleiner Vorgeschmack eine Option gegeben werden, dich von der Suche nach Sicherheit in deinem Umfeld ein Stück weit loszulösen. Stattdessen steht dir die Sicherheit deiner ganz eigenen Kraft, deiner Fähigkeiten und deiner persönlichen Wertmaßstäbe wirklich sicher zur Verfügung.

Übung 4: Fähigkeiten und Blockaden – die Schatztruhen-Übung

Mit den nachfolgenden Übungen bekommst du eine erste Ahnung von deinem Reichtum. Damit meine ich die ganze Bandbreite deiner Möglichkeiten, deinen Fähigkeiten und Idealen Ausdruck zu verleihen. Und möglicherweise gewinnst du während der Übung auch einen Eindruck davon, wie du selbst mit diesem Reichtum bisher umgehst. Deine Ressourcen sind deine Schätze. Nehme sie wahr und lerne, sie wirklich WERT-zu-schätzen!

Qualifikationen, Fertigkeiten, Fähigkeiten, Neigungen, Wünsche, Visionen, Ziele, Pläne – hast du dir schon einmal über den Unterschied dieser persönlichen Ressourcen Gedanken gemacht?

Skizziere den Unterschied zwischen Qualifikationen, Fertigkeiten, Fähigkeiten, Neigungen mit wenigen Worten, indem du jedes Ressourcenfeld für dich definierst.

Tipp: Wenn dir die Definitionen schwer fallen: Mach dir unbedingt die Mühe, die Unterschiede der Begriffsinhalte zu erfassen. Sei präzise. Wenn's gar nicht klappt, lass dich durch die Definitionen inspirieren, die ich im Anschluss anbiete.

Nenne zu jeder Kategorie vier Ressourcen, die dir persönlich zur Verfügung stehen. Bitte schreibe sie auf ein Blatt Papier und vermerke hinter der jeweiligen Ressource:

- Wer hat dich zum Erwerb bzw. Ausbau dieser Ressourcen ermutigt oder dabei unterstützt?
- Welche hast du ohne äußere Motivation entwickelt und gepflegt?
- Was hast du mit der Entwicklung dieser Ressource erreicht/erreichen wollen?
- Hast du es erreicht?
- Welche Ressourcen hast du nicht weiterentwickelt oder nicht eingesetzt?
- Welches Gefühl vermittelt dir die Ausübung/der Einsatz der jeweiligen Ressource?

Tipp: Wenn sich bei der Listung deiner Stärken grenzenlose Einfallslosigkeit einstellt und langsam Frust breit macht: Schreibe ALLES auf, was dir einfällt – unabhängig davon, für wie belanglos oder wenig entwickelt du die jeweilige Qualifikation, Fähigkeit oder Neigung hältst. Streiche NICHTS nachträglich. Dein innerer Verneiner ist gerade hochaktiv und zieht seine fieseste Karte: Selbstzweifel und Orientierungslosigkeit. Du kannst ihn jetzt packen und überwinden.

Welcher „Typ" Ressourcen lässt dich spüren, wie vermögend du bist, dein Herz klopfen und zutiefst dankbar sein? Und welcher gibt dir das Gefühl, „gewappnet" zu sein, bestehen oder überleben zu können im „harten Existenzkampf"?

Der Unterschied dieser Ressourcen in der Wirkung auf dein Selbstgefühl, deine Motivation und deine Zielerreichung ist erstaunlich, nicht wahr? Könnte es daran liegen, dass manche Ressourcen aus deinem innersten Wesen erwachsen, während andere schlicht Projektionen von Wertsystemen sind?

Und nun zu deinen Wünschen und Sehnsüchten: Auch sie sind wichtige Ressourcen – die du zwar noch nicht vollständig aktiviert hast, die dich unbewusst aber sehr nachhaltig steuern. Außerdem sind deine Sehnsüchte wichtige Wegweiser in deine Berufung. Schreibe auf, was du schon immer einmal wissen wolltest, was du schon lange erleben willst, wonach du dich sehnst. Bleibe bei deinen Nachforschungen ganz konkret. So wirst du beispielsweise wenig weiterkommen, wenn du einfach feststellst: „Ich will einmal Chef sein." Geh weiter: Was steckt hinter diesem Wunsch? Geht es darum, Verantwortung für ein Team zu übernehmen? Geht es darum, dein Arbeitsumfeld maßgeblich selbst zu gestalten? Oder geht es einfach darum, dass du unangreifbar sein willst? Wenn du auf einer Ebene angelangt bist, auf der dein Wunsch „Substanz" hat und unmittelbaren Bezug zu deinem Wesen, sieh noch einmal zurück auf die ursprüngliche Formulierung deines Wunsches: Führt der Wunsch zu dem, was du wirklich willst? Korrigiere deinen Wunsch gegebenenfalls.

Bitte nimm dir jetzt ein A3-Blatt und trage sieben Spalten ein mit folgenden Kategorien: *Qualifikationen, Fertigkeiten, Fähigkeiten, Neigungen, Wünsche, Mittel, Verbündete.* Trage deine dir im Moment bewussten Ressourcen ein.

Tipps: Inspiration für die Definitionen
Qualifikationen, Fertigkeiten und Fähigkeiten hast du oben ja bereits definiert. Ich sehe den Unterschied zwischen diesen drei Kategorien im Wesentlichen darin, dass es bei *Qualifikationen* vor allem auf eine vom Umfeld gesetzte „Messlatte" ankommt – eine „anerkannte" und „allgemein zuordenbare" Leistung ist vollbracht worden. Dafür hast du wahrscheinlich sogar ein „Zeugnis". Bei *Fertigkeiten* geht es vor allem um einen handwerklich geprägten Erfahrungsschatz, auf den du zurückgreifen kannst. Bestimmte Abläufe und Handgriffe hast du viele Male durchgeführt und beherrschst sie. *Fähigkeit* ist ein weit greifender Begriff, der Qualifikationen und Fertigkeiten umfassen könnte. In unserem Zusammenhang geht es jedoch eher um das Gegenstück zu den Fertigkeiten: Auf eher mentaler Ebene sind dir bestimmte Vorgänge und „Verarbeitungsschritte" geläufig. So mag es sich um die Fähigkeit handeln, Wirtschaftsdaten

zu analysieren oder im journalistischen Bereich Sachverhalte kompakt und eloquent darzustellen. Eine Fähigkeit in diesem Sinne kann sich aber auch auf zwischenmenschliche Vorgänge beziehen, zum Beispiel das Erschließen von Kontakten, die Vermittlung zwischen Konfliktparteien oder der phantasievolle Umgang mit Kindern.

Neigungen beschreiben nach meinem Verständnis deine Hingezogenheit zu bestimmten Themengebieten oder Tätigkeitsfeldern. Ohne qualifiziert oder besonders geübt (Fertigkeit) zu sein, kannst du beispielsweise eine Neigung zum Malen oder zu Erkundungsgängen durch die Natur haben. – *Mittel* zur Umsetzung deiner Neigungen sind dabei deine Handlungsfaktoren: Zeit, Geld, Räume, Arbeitsmaterial. Deine *Verbündeten* sind alle Menschen, von denen du erhebliche Unterstützung erhältst: deine Lehrer, die Menschen, mit denen du über deine Visionen sprichst, und vor allem: die Menschen, an denen du dir gerade die „Zähne ausbeißt". Vermerke hinter dem jeweiligen Verbündeten, was genau du von ihm bekommst.

Siehst – fühlst! – du, wie vermögend du bist? Vor dir steht die Schatztruhe, auf die du in der Entfaltung deines ganzen Wesens und auf deinem selbstbestimmten Weg zurückgreifen kannst. – Das Wissen um deine innere Stärke ist eine Sicherheit, die durch nichts – außer durch Selbstzweifel – zu erschüttern ist. Sie eröffnet dir eine ganz andere Form von Orientierung, die du über das Konzept der Sicherheit nicht im Ansatz erreichen wirst.

8.3 Unabhängigkeit aus der eigenverantwortlichen Wahl

Die Sicherheit, die sich auf dein Wesen und auf die Chancen, die sich für dich ergeben, bezieht, macht dich ein gutes Stück freier und unabhängiger von fremden Regeln oder Urteilen. Damit schwächst du auch den Druck der „Notwendigkeiten", der – wie wir ja mittlerweile wissen – in Folge des Sicherheitswahns auftaucht. Was dir die Einbahnstraße der Notwendigkeiten aber endgültig zur Wegkreuzung macht, ist die eigenverantwortliche Wahl.

Eine *Wahl* setzt Alternativen voraus. *Notwendigkeiten* sind eine digitale, zwangsläufige Folge. Wie eingangs schon erwähnt, beziehen sich Notwendigkeiten zudem auch auf die Ebene des Habens.

Mit der Schaffung – oder dem Wahrnehmen – von Wahlmöglichkeiten erweiterst du eine Situation mindestens noch um die Ebene des Tuns. Triffst du zudem deine Wahl eigenverantwortlich – also ohne Bedingungen, die von deinem Umfeld abhängen, angesichts sämtlicher mit der Wahl verbundenen Konsequenzen und ohne Rückgriff auf „Hintertürchen" –, so wirkt diese Wahl auf allen drei Ebenen: Sein, Tun und Handeln.

Vielleicht erinnerst du dich an die Forderung des Empowerments, Sein, Tun und Handeln in Einklang zu bringen. Die eigenverantwortliche Wahl ist ein Expressticket in diesen Zustand höchster Selbstbestimmtheit und Balance.

Jetzt wirst du vielleicht sagen: Deshalb *muss* ich aber weiterhin ins Büro gehen, *um* meine Miete *zu* bezahlen. „Muss ... um ... zu ..." ist die klassische Verstrickung, die sich aus dem Konzept der Notwendigkeit ergibt. Und genau an diesen drei unscheinbaren Wörtchen lässt sich verdeutlichen, womit du diese Abhängigkeit durchtrennst: Sobald du nicht mehr handelst, *um ... zu ...*, sondern *für ...*, hast du die Fäden bereits in der Hand. Denn an diesem Punkt stellst du die Frage nach dem Ziel und nicht mehr nach der Bedingung. Wenn dein Ziel aus deinem Wesen entspringt, richtest du dein Handeln an deinem Sein aus.

Dann stellt sich nicht mehr die Frage, was du *musst, um* deine Miete *zu* bezahlen. Sondern es steht der Gesamtzusammenhang deiner Vision vor dir – dein authentisches, ganzheitliches Lebensbild und ein Weg, der die Bedingung trägt: „Was ich tue, entspricht dem, der ich bin", oder: „Was ich tue, entspricht der, die ich bin."

Wenn dir bewusst ist, dass du ein Naturmensch bist, erübrigt sich die Frage nach der Mietwohnung in der Stadt und die Büroarbeit ohnehin. Solltest du ohne finanzielle Rücklagen sein und als ebendieser Naturmensch die Vision haben, im eigenen Landhäuschen zu leben, dann ist das schnelle Geldverdienen durch den Bürojob in der Stadt *eine von vielen* Wahlmöglichkeiten. Beispielsweise alternativ zum langsameren und naturverbundenen Aufbau einer kleinen Tierzucht in der Nähe des Ortes, an dem dein Häuschen einmal stehen soll. Oder als weitere Alternative der Zusammenschluss mit anderen Naturmenschen, die Geld oder Arbeitskraft in das gemeinsame Landhäuschen einfließen lassen. – Merkst du, dass das *Muss* mittlerweile weggefallen ist? Und merkst du, dass das *um ... zu* zum *für ...* geworden ist?

Der authentische Weg, auf den du dich als selbstermächtigter Mensch begeben hast, ist unmittelbar und hat eindeutige, sehr wenige Maßstäbe: Unmittelbar ist er insofern, als deine Aufmerksamkeit und dein Bemühen unbeirrbar auf das gerichtet sind, *was dir wirklich wichtig ist.* Und eben auf die jeweilige Etappe, die du dir als Ziel gesetzt hast. Lass dich nicht blenden durch Ersatzmöglichkeiten oder „Zwischenschritte": Wenn du in einem Landhaus leben willst, halte Ausschau nach diesem Ort, statt Geld anzuhäufen, um dir irgendwann einmal ein Traumhaus leisten zu können.

Die Maßstäbe sind eindeutig, denn sie richten sich ausschließlich aus an dem, *was dir wirklich wichtig ist* und an den Besonderheiten deiner inneren Persönlichkeitsaspekte.

Es gibt nichts von „außen“, was dich zwingt oder dir bedingungslos Regel sein muss: *Deine Regel ist dein Wesen!* – Hier zwei kleine, hilfreiche Übungen zum Thema:

ÜBUNG 5: ZUSAMMENHÄNGE

Beschreibe eine aktuelle Situation aus deinem derzeitigen Erleben, über die du dich schon seit einiger Zeit ärgerst. Beschreibe, wie es zu der Situation kam, wie sie sich derzeit darstellt und welche Auswirkungen sie auf andere Bereiche deines beruflichen und privaten Umfelds hat.

Betrachte den gesamten Verlauf vom Auslöser zur jetzigen Situation und bestimme die Punkte, an denen etwas anders hätte laufen können, so dass die derzeitige Situation nicht entstanden wäre. Welche dieser Punkte konntest du nicht (mit-)steuern?

Versuche nun einfach einmal, davon auszugehen, dass du allein sämtliche Parameter der Situation selbst gesetzt hast. Mach dir klar, inwiefern du an den oben gefundenen Wendepunkten des Konfliktverlaufs eine Wahl getroffen hast zwischen verschiedenen

- ➜ Interpretationsmustern *(bewertet statt beobachtet);*
- ➜ Standpunkten *(verteidigt statt kommuniziert);*
- ➜ Verhaltensweisen *(Signale gesetzt, die nicht deiner aufrichtigen Einschätzung entsprachen);*
- ➜ Aussagen *(die Erwartung statt Bedürfnis formuliert haben).*

Wie hättest du die zuvor als „externe“ Faktoren definierten Punkte dann gestaltet? Bleibe so nah wie möglich an Handlungen und Haltungen, in denen du selbst aktiv bist.

Falls dennoch eine Reihe fremd gesteuerter oder unabänderlicher Eingriffe in dein Leben in der dargestellten Situation verbleiben oder du dich nicht befreien kannst von dem Gefühl, dass du manche Menschen nicht „ungestraft davonkommen lassen willst“, mag Folgendes helfen: Besorge ein Tonband (Kassettenrecorder oder Diktiergerät) und stell eine Uhr vor dich, während du bei laufendem Band Folgendes aufsprichst:

> „____________ (Name) ____________, ich klage dich an, ______________ *(Tat)* ____________. Du hast mir dadurch, dass du ____________ *(Schaden)* ____________ zugefügt. Ich konnte nichts tun, um mich zu schützen, weil ______________ *(Grund der Ausgeliefertheit)* ______________. Deshalb verachte und verurteile ich dich. Ich verlange von dir ____________ *(Strafe)* ____________“.

In einem zweiten Anlauf nimmst du für dieselbe Person und Situation Folgendes auf:

> **„__________ *(Name)* __________, als du__________ *(Tat)* __________ habe ich __________ *(dein Gefühl in der betreffenden Situation)* __________. Ich erkenne heute, dass du in dieser Situation __________ *(Gefühl und Situation des „Täters")* __________ und es tut mir Leid, dass ich nicht anders reagieren konnte, als __________ *(deine Reaktion)* __________. Heute bin ich ein Stück weiter und erkenne, dass auch ich Täter war, indem __________."**

Höre dir das Tonband einfach immer mal wieder an. Du wirst wissen, wann du es löschen kannst.

Übung 6: Umwege

Diese Übung ist sehr „einfach": Stelle dir die folgenden drei Fragen immer wieder einmal. Allein dadurch, dass du dir diese Fragen in bestimmten Situationen, im Umgang mit bestimmten Menschen immer wieder stellst, wirst du deine Fähigkeit, deinen Weg selbst zu bestimmen und deine wesenseigenen Regeln zu beachten, in dein Leben aufnehmen:

- ➜ Beobachte dich selbst: In welchen Situationen rechtfertigst du, was du tust?
- ➜ Welche Bemühungen unternimmst du ausschließlich „*um ... zu ...*"?
- ➜ Mit welchen Aktivitäten befasst du dich, ohne dass du dich bisher gefragt hättest, was du daran liebst zu tun?

Vielleicht fällst du in manchen Situationen zurück in die alten Muster: Plötzlich sind Dinge wieder „notwendig", unvermeidlich, zwingend. Oder Menschen um dich herum sind verantwortlich für die Situation. Dann setze deine innere Flexibilität ein: Betrachte die Situation und deine Mitspieler aus so vielen Perspektiven, wie du dir zugänglich machen kannst. Wenn du nicht weiterkommst, notiere dir das „Problem" und stelle dir diesbezüglich die „Umwegs-Fragen" zu diesem Sachverhalt nach einiger Zeit noch einmal.

8.4 Die Dimension des SEINs

Schon mehrfach sprach ich die drei Ebenen unseres Erlebens an: Sein, Tun und Haben. Die Ebene des reinen „Seins" bezeichnet hierbei ein inneres, persönliches Zentrum, das Objekt aller psychologischen, religiösen und vieler philosophischen Betrachtungen und Maximen ist. Im Sein sind der „Sinn“ und das „Wesen“ eines Menschen enthalten – in einer unhinterfragten Selbst-Verständlichkeit und Absolutheit.

Aufgrund dieser innewohnenden Absolutheit ist dies auch der Ort und Zustand des Zentrums, der Balance und der inneren Gewissheit – wenn er denn wahrgenommen wird.

Die heutigen Wertesysteme und Lebenszusammenhänge geben eher eine Orientierung am Tun und Haben vor. Was gilt es schon in einer westlichen Leistungsgesellschaft, wer jemand *ist*? Vielmehr wird aus dem Tun (Erfolg, Einfluss, Leistung) und aus dem Haben (Position, Bildung, Wohlstand) ein „Sein“ *abgeleitet*: „Dieser Mann *ist* stark, weil er sich an den entscheidenden Stellen engagiert.“ „Diese Frau *ist* angesehen, weil sie gute Kontakte *hat*.“

Die Maßstäbe von Wertschätzung und Zugang liegen in unserer Gesellschaft also auf Ebenen jenseits des „So-Seins“ und sind in ihrer Ausprägung weitgehend kollektiviert. Damit meine ich, sie beziehen sich nicht mehr auf die Gesamtheit und Vielseitigkeit von Individuen, sondern setzen Zielgrößen, die pauschal für alle gelten und isoliert (unabhängig von weiteren Persönlichkeitsaspekten) betrachtet – nein vielmehr: bewertet werden.

Nimmt jemand wahr, dass der oben als „stark“ eingeschätzte, schwer engagierte Lokalpolitiker einen Faible für die Orchideenzucht hat, als fünfzigjähriger Junggeselle noch immer seiner Mutter huldigt und einen Hang zu sentimentaler Lyrik hat?

Ist es dann ein Wunder, dass auch der/die Einzelne nicht nur den Blick, sondern häufig auch das Bewusstsein für das eigene, rückverbundene „Sein“ verliert? Ist es nicht gerade die Vielseitigkeit und Verbundenheit ganz unterschiedlicher Wesensaspekte, die einen Menschen *diesen* Mensch sein lassen? – Stattdessen wirkt eine apersonale Zielorientierung, die sich wesentlich darauf richtet, zu *tun* oder zu *haben*. Kraft wird nicht mehr aus einem subjektiven Zentrum geschöpft, sondern aus einer fremdbestimmten Zielerreichung und deren Anerkennung.

Übung 7: Dein inneres Barometer nutzen

Genauso wichtig – wichtiger noch – als die Erfassung dessen, was wirklich um uns herum geschieht, ist es, wieder Kontakt zu uns selbst – unserem Herzen aufzunehmen.

Jenseits des Neandertalers, der in Kategorien von Angriff/Verteidigung dachte, jenseits des gehorsamen Sohnes/der folgsamen Tochter, der/die in falsch/richtig wahrnimmt, gibt es etwas in dir, das untrüglich weiß, worin das für dich jetzt Wesentliche liegt, wo du stehst und wie deine Verfassung ist.

Du kannst zur Zentrierung weit mehr als deinen Geist, deine bewusste Wahrnehmung einsetzen. So auch deinen Körper, der mit seinen feinen Sinnen das Innen mit dem Außen verbindet und Austausch oder Abgrenzung sehr greifbar und sinnlich ermöglicht. – Hier folgt eine Übung, die dir auf körperlicher Ebene Rückverbindung mit dir selbst, Zentriertheit und Offenheit auf ganz einfache Weise ermöglicht[6]:

Stell dich mit lockeren Knien und herabhängenden Armen aufrecht hin. Schließe die Augen. Imaginiere eine Linie, die durch deine unteren Hüftgelenke verläuft. Gleite entlang dieser Linie, indem du dein Gewicht verlagerst. Gleite weiter und stell dir vor, dass es auf dieser Linie eine Markierung gibt, genau in der Mitte. Während du entlang der Linie gleitest, kommst du an dieser Markierung vorbei, gleitest darüber hinweg, wechselst die Richtung und kommst wieder hindurch. Wenn du ein Gefühl für diesen markierten Punkt – die Mitte – hast, beginne eine andere Schwingbewegung: diesmal vorwärts und rückwärts. Wie vorher stellst du dir vor, dass du entlang einer imaginären Linie gleitest, die durch deinen unteren Torso verläuft, eine Linie, die die vorige Linie genau in der Mitte kreuzt. Schwing einfach dein Becken vor und zurück, langsam. – Konzentriere deine gesamte Aufmerksamkeit auf diesen Punkt, an dem sich die beiden Linien kreuzen. Hier ist dein Zentrum. Präge dir Lage und Gefühl dieses Kraftortes in deinem physischen Körper zutiefst ein. Presse zur Unterstützung deine rechte Hand auf deinen Unterbauch, dort, wo deine Mitte liegt, tief in deinem Rumpf. Lockere die Berührung deiner Hand, aber lass sie auf deinem Bauch liegen. Lege nun deine linke Hand dorthin, wo du dein Herz vermutest. Imaginiere einen farbigen Strahl, der deinen Kraftort und dein Herz miteinander verbindet, der in beide Richtungen fließt. – Fühle das Fließen, nimm die Energien wahr, die sich auf diesem Strahl befinden. Präge dir die Farbe deiner Verbindung ein.

Mache diese Übung in den nächsten Tagen regelmäßig, immer wieder. So lange, bis dir bei der bloßen Berührung dieser beiden Punkte auf deinem Körper die Verbindung unmittelbar zugänglich ist.

Experimentiere nun:

→ Berühre diese Punkte in oder unmittelbar vor schwierigen Situationen und nimm WAHR, welche Informationen du aus der Verbindung bekommst.
→ Wie ist deine Wahrnehmung (Beobachtung) von der Situation?
→ Was fühlst du?
→ Welches Bedürfnis hast du, um Einfluss auf die Situation zu nehmen?

Lass dir Zeit für deine Wahrnehmungen. Deine Gesprächspartner werden kurze Pausen akzeptieren – vielleicht sogar für ihre eigene Wahrnehmung nutzen.

---

6 Diese wunderbare Übung verdanke ich Danaan Parry.

8.5 Ressourcen erkennen und absichtsvoll einsetzen

Übung 8: Zeit als wertvolle Ressource

Vorüberlegung: Und wieder ist der alles bestimmende Maßstab: *Was ist dir wirklich wichtig?* Halte dir das präsent, wenn du dich daran machst, deine Zeit einzuteilen.

Erstelle eine Liste von Aufgaben, die du dir für die kommende Woche vorgenommen hast:

- ➔ Welche haben etwas damit zu tun, *was dir wirklich wichtig ist?*
- ➔ Auf welche dieser Aufgaben freust du dich?
- ➔ Welche dieser Aufgaben bringen dich deinen Zielen näher (unmittelbar und eindeutig)?
- ➔ Wer wäre enttäuscht, wenn du die Aufgabe jeweils nicht erledigst?

Mache einen möglichst genauen Zeitplan für jede Aufgabe – zerlege die Aufgaben nach Möglichkeit in Einzelschritte, damit du den Zeitbedarf klarer vor Augen hast. Schätze, wie viel Zeit jeder Schritt kostet. Miss über eine Woche die Zeit für jeden dieser Arbeitsschritte, notiere die Zeit und vergleiche sie mit deiner Schätzung

Notiere in der kommenden Woche jeden Abend:

- ➔ wie hoch der Zeiteinsatz dafür tatsächlich war;
- ➔ wofür du Zeit verwendet, aber nicht eingeplant hast.

Vergleiche deine Vorab-Schätzung mit dem tatsächlichen Ablauf: Waren deine Schätzungen realistisch? Was unterscheidet die Aufgaben, bei denen deine Schätzung zutreffend war, von denen, bei denen es nicht geklappt hat? Ist der Maßstab, der hinter diesem Ergebnis liegt, dein eigener, innerer?

Lass uns noch einmal die Grundlage für deine Zeiteinteilung und -verwendung betrachten:

- ➔ Was nimmst du dir vor?
- ➔ Warum nimmst du dir dies und nicht jenes vor?
- ➔ Welche Verpflichtungen und Vereinbarungen gehst du damit gegenüber anderen ein?

Ist es bei dir auch so, dass du viele Vereinbarungen triffst, die weder mit deinem Ziel noch mit dem, *was dir wirklich wichtig ist,* unmittelbar etwas zu tun haben? Was bringt dich dazu, dich immer wieder zu „überladen“ – was erhoffst du als „Lohn“? Besinne dich noch einmal auf die Übung „Umwege“. Wie viele „um-zu“-Verstrickungen fressen deine Zeit?

Tipp: Wenn du an diesem Punkt des Empowerment-Trainings nicht zum ersten Mal denkst: „Die Übungen kosten mich zu viel Zeit. Es reicht, wenn ich die Anweisungen und Überlegungen lese und reflektiere“, dann denke an das Gleichnis mit der stumpfen Säge: Ein Wanderer beobachtet einen Holzfäller, der hektisch und sehr, sehr lange an einem Baum sägt. Nach Stunden der Beobachtung spricht der Wanderer den Holzfäller an und sagt: „Deine Säge ist ganz stumpf. Mach doch kurz Pause, schärfe deine Säge. Dann ist der Baum in wenigen Minuten gefällt“. Der Holzfäller murrt schwitzend und keuchend zurück: „Ich habe keine Zeit, eine Pause zu machen und meine Säge zu schärfen, denn es wird bald dunkel.“

Übung 9: Ressourcenverteilung

Unsere Ressourcen sind zwar nicht begrenzt – wie leider immer wieder angenommen wird – aber kostbar. Du magst jetzt einwenden: Natürlich sind Ressourcen begrenzt – der Tag hat z.B. nur 24 Stunden! Das hat er wohl. Ich wette jedoch, dass dir keine einzige Ressource einfällt, die nicht mindestens durch *eine* andere Ressource substituiert werden könnte.

Wenn dein Schreibtisch wieder einmal überquillt ... die Besprechung von der letzten Woche ist zu protokollieren, die Schwiegermutter hat ihren 80. Geburtstag und du hast die Versendung der Einladungen übernommen, dein Chef will eine Entscheidungsvorlage zum Thema x, dein bester Freund hat dich schon mehrfach um ein dringendes Gespräch gebeten, morgen ist dein Hochzeitstag ... Die Zeit reicht nicht ...

Was aber hast du noch in deinem Ressourcen-Topf? Effektivität und Klarheit, zum Beispiel: Du nimmst eine halbe Stunde deiner wertvollen Zeit und machst dir Gedanken über Prioritäten, Abkürzungen und mögliche Helfer, die du heranziehen könntest. Innerhalb von einer weiteren Stunde hast du deine Nichte motiviert, hübsche Einladungen an die Verwandten zu entwickeln – gemäß einer Liste von dir *(Aufgaben übertragen, Ressource: Verbündete).* Für deinen Hochzeitstag hast du einen Überraschungsservice beauftragt, der dir letztens empfohlen wurde *(Ressource: Geld).* Deine Mitschrift der Besprechung hast du ausnahmsweise einfach kopiert und mit einer Notiz an die Kollegen versehen *(Ressource: Kreativität).* Jetzt hast du genügend Zeit, die Entscheidungsvorlage für deinen Chef konzentriert und kompakt zusammenzufassen. Und für den Abend hast du dich zu einem gemütlichen Glas Wein verabredet.

Wie gesagt: Unsere Ressourcen sind kostbar. Sie sind unser Potenzial, Wirklichkeit zu erschaffen. Deshalb ist es nicht nur von hoher Relevanz, die Ressourcen, die uns zur Gestaltung zur Verfügung stehen, bewusst zu wählen, sondern auch sie wertschätzend und mit Bedacht einzusetzen. – Blättere noch einmal zurück zu Übung 2 „Umgang mit Zeit“.

Wenn du der Auffassung bist, dass dich unvorhergesehene Situationen, andere Menschen mit ihren Belangen und vor allem „NOTWENDIGES" immer wieder zur „Missverteilung" deiner Ressourcen zwingen, dann freu dich auf die Übungen im Folgeabschnitt.

8.6 Der Unterschied zwischen Anerkennung und Erfüllung

Die folgende Übung dient dazu, dir die Tätigkeiten und Themenbereiche zu verdeutlichen, die dir Kraft geben. Hier kannst du die erste Neuausrichtung deiner Kraft vornehmen und mehr erfahren über die Bereiche, die deinem Wesen nahe stehen.

Übung 10: Erfüllung finden statt Anerkennung suchen

Erinnere dich an Momente, in denen du vollkommen zufrieden, eins mit dir und der Welt warst. Es ist nicht wichtig, ob das Momente waren, die schon lange zurückliegen oder die dir vom „Thema" oder „Gewicht" her unwesentlich erscheinen. Das Einzige, worauf es ankommt, ist das Gefühl des „Erfülltseins", das du in diesem Moment hattest. Finde mindestens fünf solcher Momente oder Phasen. Beschreibe die Situation, die dich in diesem Gefühl umgeben hat, und deinen Part darin möglichst genau.

Nun überlege, wann du wirklich stolz auf dich warst. Das kann durch Lob von außen oder einfach durch deine innere Befriedigung signalisiert worden sein. Betrachte das, worauf sich dein Stolzsein bezieht, wie das Überschreiten einer Linie: Es gab eine Herausforderung, es gab eine Startposition und es gab den Schritt durch die Herausforderung in dieses Gefühl des Stolzseins hinein. Beschreibe etwa fünf solcher „Schritte", die du mit dem Resultat großer Befriedigung in deinem Leben bereits vollzogen hast. Achte darauf, die Veränderung, die sich in dir und deiner Selbstwahrnehmung durch diesen Schritt ergeben hat, klar wahrzunehmen und darzustellen.

Sicherlich gab es in deinem Leben immer wieder Menschen, an denen du besondere Eigenschaften, Fähigkeiten oder Umstände (z.B. Situationen, in denen sie sich befanden) bewundert hast.

- Welche Menschen waren das?
- Was war für dich das Besondere an diesen Menschen?
- In welcher Beziehung standest du zu diesen Menschen?
- Welche Wirkung/Veränderung hat sich für dich durch die Begegnung mit diesen Menschen ergeben?

Sieh noch einmal zurück auf die Ereignisse und Empfindungen, die du in den verschiedenen Situationen wach gerufen hast. Sieh das Erfülltsein in einem sehr ursprünglichen Sinne: das Vergessen von Umfeld und Zeit, das schlichte Aufgehen im Moment Hier und Jetzt, in dem du dich deinem Sein und Tun vollständig hingibst. – Solche Situationen können dir als wertvolle „Nabelschnur" zu dir und deiner Verbundenheit zum puren Sein dienen. Sie ankern dich förmlich und führen dich in deine Mitte.

Das Gefühl von „Stolzsein" und Anerkennung fühlt sich ganz anders an – nicht wahr? Diese Situationen können dir eine sprühende Kraft zum Handeln verleihen. Je unabhängiger du dabei von der Anerkennung deiner Umwelt bleibst und je unmittelbarer die Befriedigung und Begeisterung aus deiner eigenen Selbst-Wertschätzung entspringt, desto feuriger, gezielter, überzeugender ist die Kraft, die du aus diesen Situationen für dich und andere erschaffen kannst.

Die Bewunderung eines anderen kann in besonderen Konstellationen deine Neugier, deine Aufmerksamkeit und deinen Forscherdrang wecken. Mit der Zeit wirst du die Eigenart der Menschen und Situationen entdecken, die sich für dich am besten als Inspiratoren eignen. Achte auf die Authentizität der Personen und lass dich begeistern von ihrer Brillanz auf dem Gebiet, das du als **Nächstes** für dich erschließen willst.

III.

Neue, authentische Maßstäbe finden

9. Auf der Basis von „Sein“ Wirklichkeit gestalten

Wenn wir uns in stillen Momenten der Frage widmen, wie es denn weitergehen soll in unserem Leben, setzen wir üblicherweise auf der Ebene des HABENS an: Was haben wir, was wollen wir haben, was ist mit gegebener Situation (=HABEN) möglich. Dann begeben wir uns in Schlussfolgerungen über das notwendige TUN, das wir für erforderlich halten für die Entwicklung vom heutigen HABEN in das zukünftige HABEN. Beispielsweise haben wir eine Partnerschaft, die ein wenig müde geworden ist, einen Beruf, der nicht mehr befriedigt, und begrenzte Ersparnisse. Wir wollen eine andere Situation HABEN und so setzen wir auf dieser Ebene an.

Mit dem Empowerment schlage ich dir die Umkehrung dieses Vorgangs vor. Denn die Erfüllung deines Wesens, ein Leben, das allen deinen inneren Aspekten gerecht wird und Möglichkeit zum Ausdruck verleiht, ist Voraussetzung für deine Zufriedenheit und Fülle. Ich fordere dich auf, die Ebenen des HABENS und des TUNS solange zurückzustellen, bis dir deine Ebene des SEINS bewusst ist und als Kompass dient für dein TUN. Ein solchermaßen fundiertes TUN wird dich in ein HABEN führen, das deinem ganzen Wesen adäquat ist.

In den vorangegangenen Abschnitten ging es um Muster, die Menschen kollektiv daran hindern, selbstbestimmte und authentische Wege zu gehen. Eine Reihe von Betrachtungen, die einen inneren Positionswechsel, ja: die Loslösung vom kollektiven Zwangsmuster anregen, wurden angestellt. – Wenn bei dir nun ein Bewusstsein von deiner Wahlfreiheit, diese Zwänge zu relativieren und eigene Wege zu gehen, stärker wird, gelangst du an eine neue Etappe deines Empowerments. Eine Etappe, in deren Kern es darum geht, (wieder-) zu entdecken, was „deins“ ist.

Wenn ich Menschen frage „Wer bist du?“, bekomme ich selten eine direkte, über äußere Merkmale (Name, Position, Rolle für andere) hinausreichende Antwort. Meist wird meinem Gegenüber sogar ganz unmittelbar deutlich, wie unscharf sein Bild vom eigenen Wesen ist. Wie könnte Selbstbestimmtheit jedoch wirken, wenn das Selbst im Nebel liegt?

Wenn ich sie frage, wie ihre Wirklichkeit aussieht, berufen sie sich entweder auf etwas angeblich „Objektives“ oder sie halten sich und ihr Leben für etwas Besonderes, etwas, das anders gelaufen ist als es sein soll – und sie sehen das meist als Bürde. Sie transportieren Wirklichkeit also entweder in einen fremden, vorbestimmten Raum (das Objektve) oder sie ziehen eine scharfe Trennlinie zwischen ihrer Subjketivität (bei mir läuft alles anders) und einer so wahrgenommenen „Außenwelt“ (die andern sind anders).

Gegen eine „objektive“ Wirklichkeit – also ein statisches, eindeutigen Regeln folgendes Gebilde von Wirklichkeit – spricht die Beobachtung, dass kaum zwei Menschen zu finden sind, die dieselbe Situation gleichzeitig und miteinander erleben und im Nachgang übereinstimmende Berichte von dem, was *wirklich* geschah, liefern. Das klappt nicht einmal bei Menschen, die seit vielen Jahren nah zusammenleben und viele gemeinsame Erfahrungen gemacht haben. Dabei gibt es auffällige Wiederholungen in den individuellen Erfahrungsmustern. Jemand, der häufig bedrohliche Wirklichkeiten wahrnimmt, wird das tendenziell auch in einer Situation tun, die sein Begleiter vielleicht als inspirierend oder friedlich erfährt. Die Wahrnehmung von Wirklichkeit scheint etwas damit zu tun zu haben, wie die Befragten ihre Wirklichkeit definieren. Das alles spricht dafür, dass es einen Zusammenhang gibt zwischen dem Bild von Wirklichkeit, das ein Mensch hat, und den Erfahrungen, die er/sie macht.

Hier beginnt das subjektive Muster, das über Fremd- oder Selbstbestimmtheit in einem tieferen Zusammenhang entscheidet. Zwar liegen die Bestimmungsfaktoren nicht mehr eindeutig außerhalb des Individuums. Wenn es beispielsweise eine selbstsüchtige Umwelt wahrnimmt und meint, sich dagegen schützen zu müssen, liegen Interpretation und Reaktion im Wesentlichen innerhalb des/r BeobachterIn. Hier geht es um die persönliche Einstellung zu dem, was ist, und damit um die Grundlage von Wahrnehmung und Verhalten. So ist eben auch die Auffassung, bestimmten Gegebenheiten „ausgeliefert“ zu sein, auf bestimmte Umstände in bestimmter Weise reagieren zu „müssen“, Zeichen von Fremdbestimmtheit. Erst die absichtsvolle Wahl und Gestaltung des persönlichen Erlebensraumes erlauben tatsächlich Selbstbestimmtheit.

Nach meiner Anschauung beginnt bereits bei der Vorstellung darüber, was Wirklichkeit ist, das Selbst. Deshalb beziehe ich es in die anstehende Arbeit ein, in der es auf dem Weg zur Selbstbestimmtheit darum geht, das Selbst zu erkennen und authentisch zum Ausdruck zu bringen.

Bevor du also darangehst, dein Selbst, dein inneres, vollständiges Wesen zu erkunden und authentisch zum Ausdruck zu bringen, begib dich auf Entdeckungsreise in die Substanz und Funktionsweise deiner Wirklichkeit, so wie du sie heute wahrnimmst.

Erkunde, woran du glaubst. Beobachte, wie du gemäß diesen „Fakten“ dein Leben gestaltest, welche Erfahrungen und Begegnungen du machst.

Die Infragestellung der „Wahrheit(en)“, wie du sie bis heute angenommen hast, kann für einen Moment das Gefühl von Orientierungslosigkeit vermitteln. Du magst erkennen, dass es im Außen keinen festen, unveränderlichen Anhaltspunkt für das, was „richtig“ und was „falsch“ ist, gibt. Damit bist du aufgefordert, deine eigenen, inneren Maßstäbe kritisch zu betrachten. Da kann eine Menge in Bewegung kommen. Mach dir bewusst, dass das Festklammern an Rationalität auch nur eine Idee ist. Wer sagt, was rational ist? Und was hat das mit (deiner) Wirklichkeit zu tun? Auch die Argumentation: „Nur, was ich mit meinen fünf Sinnen erfahren und überprüfen kann, ist wahr“, stellt dich vor die schwierige Aufgabe, all deine emotionalen Wahrnehmungen, deine Ideen, Erinnerungen und Pläne als „unwahr“ zu kategorisieren. Willst du das?

Lerne, deine Wirklichkeit aus verschiedenen Perspektiven zu betrachten. Nutze deine innere Flexibilität und Klarheit, verschiedene Positionen einzunehmen und auch wieder zu verlassen. Erst dann verfügst du über die „volle Information“, die Freiheit, in einer Weise zu entscheiden, zu handeln und dein Leben zu gestalten, die deinem ganzen Wesen und der gegebenen Situation gemäß ist.

Begib dich dann auf Entdeckungsreise zu deinem Selbst: Mache dir die Vielgestaltigkeit deines inneren Wesens bewusst, entdecke Neigungen, Fähigkeiten, Eigenschaften in dir, die schon so lange in Vergessenheit geraten sind. Aktiviere die volle Größe und Schönheit deines ganzen Wesens, indem du dich zunächst befreist von Handlungszwängen (TUN) und Kompensationsbedürfnissen (HABEN).

Erst auf der Basis einer authentischen Persönlichkeit wird dir ein schlüssiges, authentisches TUN zugänglich, entwickelt sich ein HABEN, das deinen Bedürfnissen – oder besser: Neigungen und Visionen – vollständig gerecht wird.

Für deine Entdeckungsreise steht dir wertvolles Werkzeug bereit: dein Innerer Kompass.

10. Dein untrüglicher Kompass

In diesem Abschnitt lernst du eine Reihe hilfreicher Methoden kennen, deine Absichten, Träume und Werte klar zu erkennen und jederzeit präsent zu halten. Es bieten sich dir zahlreiche Gelegenheiten, alte Glaubenssätze, wiederkehrende Erfahrungen und Konstellationen deines Lebens zu ändern oder zu verabschieden. Gleichzeitig wird deine Rückverbindung in dich selbst wie ein roter Faden wachsen. Du wirst lernen, diesen Faden, wann immer du willst, zu sehen, zu greifen oder zu verändern.

Die Sichtweise der „selbst gemachten Wirklichkeit" mag dir zunächst noch sehr fremd und vielleicht kompliziert erscheinen. Es ist nicht nötig, dass du alle Bezeichnungen und Zusammenhänge gleich behältst. Befasse dich in der Übung „Die Vier Kreise des Seins" mit jeder einzelnen Ebene eine Zeit lang. Fülle sie mit Leben, indem du die einzelnen Forschungsfelder mit Personen und Dingen besetzt, die dir vertraut sind, die du spüren und erfahren kannst.

Das System der fünf Wandlungsphasen, das dir in einem der folgenden Kapitel begegnet, ist zum Beispiel eine sehr naturbezogene, sinnlich-assoziative Methode. Deshalb ist es ratsam, wenn du bei der Arbeit mit den fünf Wandlungsphasen viel Zeit unter freiem Himmel verbringst. Gerade hier ist persönliches Erfahren unendlich viel mehr wert als theoretisches Abarbeiten. Bevor du bergeweise Papier mit Assoziationen und Gedanken füllst, geh lieber hinaus und hacke Holz, um dich im Wirken zu erfahren.

10.1 Wie funktioniert der Innere Kompass?

Um deinen Inneren Kompass zu entwickeln, durchläufst du vier Etappen:
1. Steuerung deiner Wahrnehmung mit den Vier Kreisen des Seins;
2. Gestaltung deines Erfahrungsraumes über Glaubenssätze;
3. Realisation all deiner Wesenszüge mit Hilfe der Fünf Wandlungsphasen;
4. authentische Lebensgestaltung auf der Basis des Geliebten Tuns.

***1. Etappe:* Das Koordinatensystem der Vier Kreise des Seins**

Zuerst geht es darum, aus einer distanzierten Warte auf „deine Wirklichkeit heute“ zu blicken. Du betrachtest die Säulen deiner Wahrnehmung, die Räume, die sie definieren, und die Kräfte, die dir ureigen zur Verfügung stehen, um Wirklichkeit detailliert wahrzunehmen.

Der Erfahrungsraum, in dem du dich bewegst, gibt dir die Möglichkeit, deine Wirklichkeit aus verschiedenen Positionen heraus zu betrachten. Das ist sehr wichtig, wenn du Verhaltensoptionen erkennen willst und dich für die Funktionsweise deiner Wirklichkeit interessierst. Wie ich einleitend bereits beschrieben habe, gibt es vier Kernbereiche in unserem Leben, durch die wir uns erfahren. Ich nenne sie die **„Vier Kreise des Seins“**, die unterscheiden zwischen den Erfahrungsfeldern

- ➜ Ich selbst.
- ➜ Mein Erleben mit „Du“.
- ➜ Mein Erleben im Wirken.
- ➜ Mein Erleben des Gesamtzusammenhangs/der größeren Ordnung.

Wie du diese Vier Kreise erlebst, was sie beinhalten und wie sie ineinander verzahnt sind, bestimmt letztlich die Kraft deines Wesens, deine Wahrnehmung von „Ich bin“. Ihre gesamte Struktur ist definiert über dein System an Glaubenssätzen.

***2. Etappe:* Glaubenssätze als Grenzlinien zwischen Wirklichkeit und Erfahrungsraum**

Die **Glaubenssätze** sind die Säulen, mit denen du die Vier Kreise definierst. Mit ihnen begrenzt du den Raum, in dem deine Wirklichkeit stattfindet. – Mit deinen Glaubenssätzen hast du über all die Jahre definiert, was wirklich, was möglich, was kausal ist. Jenseits dieser Glaubenssätze hört deine Wirklichkeit auf.

Ein Glaubenssatz könnte z.B. sein: „Arbeiten muss anstrengend sein.“ Die Wirklichkeit, die du dir damit eröffnest, dreht sich immer wieder um diese Tatsache. Was immer dir widerfährt – mit deiner Umwelt, deinem Wirken, deiner Selbsteinschätzung –, ist bereits vorab bewertet: Arbeit ist anstrengend, du bist gezwungen, sie für deinen Lebensunterhalt zu verrichten, und die Menschen und Begebenheiten, die dir bei deiner Arbeit begegnen, erschweren den Vorgang noch. Mühsal prägt deinen Alltag, Spaß liegt jenseits der acht bis zwölf Stunden täglich, die du mit deiner Arbeit zubringst. Du wirst einen anstrengenden Weg haben in dem Bewusstsein, dass die Anstrengung Bedingung ist für die Besorgung deines Lebensunterhalts.

Glaubenssätze funktionieren wie eine automatische Interpretation, ein Standardablauf. Und da dein Erfahrungsraum jenseits dieses Satzes endet, wird es dir unmöglich sein, die Wirklichkeit in einer Weise wahrzunehmen, die deinen Interpretationsmustern widerspricht (z.B.: „Durch meine Arbeit kann ich zum Ausdruck bringen, wer ich bin, und meinen Idealen Verwirklichung geben."). Ist dir bewusst, was das bedeutet? – Es bedeutet, dass dein Glaube, deine Überzeugungen nicht aus deinen Erfahrungen abgeleitet sind, sondern dass du mit dem Setzen eines Glaubenssatzes bestimmst, welche Erfahrungen du machst.

Und weißt du, was es noch bedeutet? – Es bedeutet, dass du Glaubenssätze, also die Begrenzungen deiner Wirklichkeit, selbstbestimmt wählst.

Mit den nachfolgenden Betrachtungen versetzt du dich in die Lage, deine Glaubenssätze klar zu erkennen und neu zu definieren: Wenn du dir bewusst gemacht hast, welche inneren Muster dich bisher (fremd-)bestimmen[7], kannst du durch absichtsvolle Veränderung deiner Betrachtungsposition und durch gezielte Gestaltung der „Säulen deiner Wirklichkeit" dein Blickfeld sehr erweitern. Du versetzt dich in die Lage, absichtsvoll deine Position einzunehmen als SchöpferIn deiner Wirklichkeit.

***3. Etappe:* Realisation all deiner Wesenszüge mit Hilfe der Fünf Wandlungsphasen**
Was dir gemäß ist und dich zu einem freudvollen, erfüllten TUN und HABEN führt, liegt in deinem Wesen selbst. Vielleicht hast du schon manches Mal das Gefühl gehabt, bestimmte Aspekte deiner Persönlichkeit nicht ausleben zu können, oder hieltest dies für unvereinbar mit dem, was ein anderer, von dir höher bewerteter Persönlichkeitsaspekt anstrebt. Oder es war dir einfach unmöglich, das, was du wirklich willst, was dir wirklich wichtig ist, zu begreifen. – Mit dem Konzept der **„Fünf Wandlungsphasen"** biete ich dir eine Herangehensweise an, nicht nur sämtliche Impulse deines Wesens wahrzunehmen, sondern auch miteinander zu verbinden.

Gewinne Zugriff auf die Essenz deines Seins, deine spezifische Form, deine Kräfte zu aktivieren. Finde deine Weise, Energie in Leben zu transformieren. – Über die elementaren Kräfte Wind, Feuer, Erde, Metall, Wasser nimmst du Kontakt zu deinem individuellen Sein auf. Dein persönliches Potenzial basiert auf diesen Energieformen. Diese Entitäten[8] bewusst wahrzunehmen, wertzuschätzen und einzusetzen heißt, dein ganzes Potenzial zu entfalten.

***4. Etappe:* Authentische Lebensgestaltung auf der Basis des Geliebten Tuns**
In der letzten Phase des „Inneren Kompass" bewegst du dich aus dem SEIN ins TUN. Über das **Traumfeld** und die Betrachtung deines **Geliebten Tuns** findet die Ganzheit deines Wesens Ausdruck für deine Einzigartigkeit und deinen Traum.

---

7 Hier heißt fremdbestimmt „nicht absichtsvoll" – wir sind auf der Individualebene der Fremdbestimmtheit.

8 Entität = Dasein im Unterschied zum Wesen eines Dinges.

Blicken wir noch einmal auf die vier Konzepte, die für dich zum unverrückbaren Kompass auf dem Weg in die Brillanz werden können:

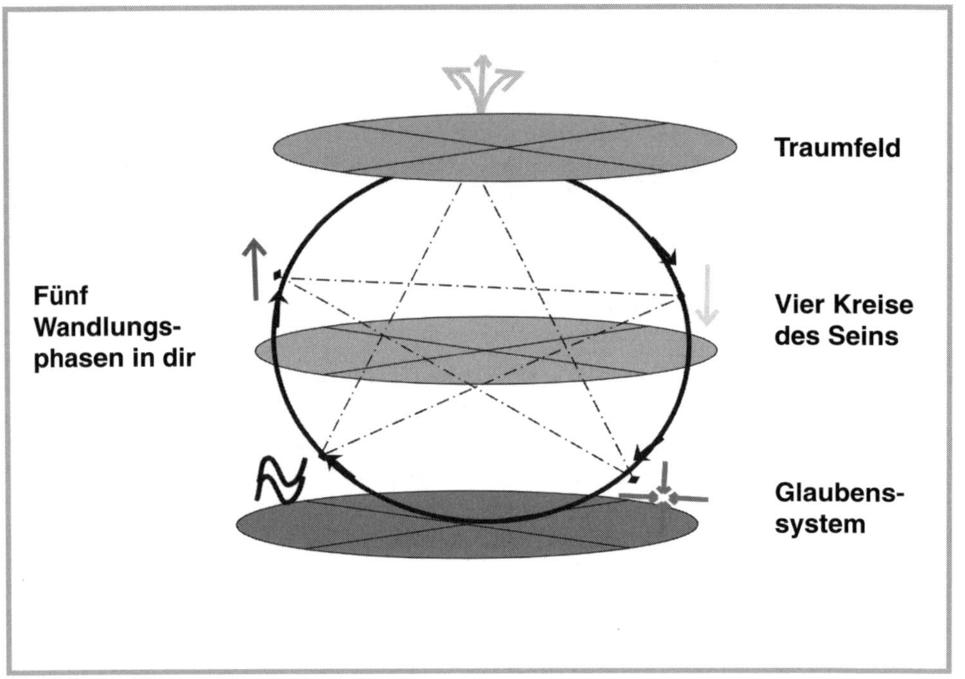

11. Die Vier Kreise des Seins

Wir leben in einer Wahrnehmung, in der es Positionen gibt. Bewertende Positionen wie gut-schlecht, richtig-falsch, anziehend-abstoßend. Und wir leben in einer Wahrnehmung, in der es Trennung gibt: ich-du, wir-die anderen, das persönliche Umfeld und die „Außenwelt".

Ganz gleich, ob wir in einem religiösen[9] Glauben erzogen wurden, und ganz gleich, in welchem, so gibt es in uns auch ein Wissen um die allumfassende Verbundenheit der Wesen und der Ereignisse. Mag es nur eine vage Sehnsucht oder das bewusste Erleben sein: Wie sehr sich menschliche Strukturen und Wege gleichen und wie spontan Nähe zwischen Fremden entstehen kann, hast du sicherlich auch schon einige Male erfahren.

Die meisten Erfahrungen machen wir allerdings in dem Bewusstsein des Getrenntseins. Dabei gibt es vier wesentliche Erlebensbereiche, die wir zu Beginn des Buches bereits eingeführt haben:

Der *erste* Kreis: Ich selbst

Die Wahrnehmung deiner eigenen Person ist meist Angelpunkt deiner Wirklichkeit. Es mag Aspekte geben, auf die du stolz bist, die du gerne zeigst, benennst, ausbaust. Doch wie gehst du mit deinen „Schwächen" um? Welche Aspekte deines ureigensten Wesens verbirgst du vor dir selbst und vor anderen? Warum? Fühle dich aufgefordert, diese Aspekte ans Licht zu holen, beginne zu erkennen, welchen Reichtum sie für dich bereithalten, wenn du lernst, sie wertzuschätzen und zu integrieren. Erst wenn dir das gelingt, wirst du angstfrei und offenen Herzens in die Welt blicken. Denn dann erübrigt sich die wiederkehrende Projektion deiner ungeliebten Eigenheiten in dein Umfeld.

---

9 Beachte: religio (lat.) = Rückverbindung

Der *zweite* Kreis: Das Erleben mit „Du“

In der Begegnung mit einem Gegenüber – mit einem „Du“ – eröffnet sich für dich die ganze Spannbreite der Polarität. Es steht dir frei, an „du“ Trennung oder Einigung zu erleben. Der Austausch mag dazu dienen, das „Ich“ abzugrenzen, den Unterschied wahrzunehmen und damit dein persönliches Profil zu schärfen. Es mag andererseits auch dazu dienen, dich selbst im Gegenüber zu spiegeln und wiederzufinden.

Die zwischenmenschliche Begegnung ist bei vielen Menschen der Lebensbereich, auf den die heftigsten Emotionen und größte Sehnsucht gerichtet sind. Umso wichtiger erscheint dann die Fähigkeit, das „Du“ zu erfassen und das Wechselspiel zwischen „Ich“ und „Du“ vielfältig und dem eigenen Wesen gemäß gestalten zu lernen.

Der *dritte* Kreis: Das Erleben im Wirken

Dein Wirken, im Sinne von Tun, ist deine Brücke zwischen Sein und Haben. – Über das, was du durch dein Verhalten und dein willentliches Tun bewirkst, verleihst du deinem Wesen Ausdruck. Ob du hier in einer Wirklichkeit lebst, die dein Handeln in Abhängigkeit fremdbestimmter Faktoren stellt, oder ob dein Wirken deinem inneren Wesen entspringt, kannst du hier beobachten. Hier definierst du, ob du einer Arbeit nachgehst oder deine Berufung erfüllst. Für deine Berufung bedeutet das, deine spezifischen Gaben und Neigungen zu erkennen und sie in einer Weise zu entfalten, die dir Anerkennung, Integration und persönliche Vervollkommnung eröffnet. Wenn du hier klar bist, wird sich das, was du zu tun liebst, als erreichbar, integrierbar und mit pragmatischen Erfordernissen vereinbar offenbaren.

Der *vierte* Kreis: Das Erleben des Gesamtzusammenhangs

Selbst Menschen, die sich ihrer Schöpfungskraft voll bewusst sind, nehmen wahr, dass es Erfahrens- und Wirkbereiche gibt, die ihnen (noch) nicht erschlossen sind. Hier bestimmt sich der Umgang mit einer höheren Ordnung und mit dem Bewusstsein, Teil eines größeren Ganzen zu sein. In diesem Erfahrungsraum geht es darum, das „Ich“ in Bezug zu setzen zum Umfeld – zur Natur, zur politischen oder kulturellen Gemeinschaft, zum Göttlichen. Wie die anderen drei Kreise obliegt auch dieser Teil der Wirklichkeit deiner persönlichen Wahrnehmung und somit deinen Glaubenssätzen. Diesen Seins-Kreis zu gestalten kommt der tiefen Sehnsucht nahe, deinen Platz einzunehmen, nach Hause zu kommen …

Diese vier Erlebensräume können nur ein Abbild einer „absoluten" Wirklichkeit sein. Das wird deutlich, wenn du deine Wahrnehmungen und Empfindungen zu ein- und derselben Situation mit denen eines anderen Menschen vergleichst.

Etwas in dir interpretiert das, *was ist,* auf eine dir eigene Art und Weise. Beispielsweise nimmst du deinen mit Familienproblemen belasteten Kollegen als fiesen Kontrahenten wahr. Oder du siehst deinen um Aufmerksamkeit ringenden Partner als nimmersatten Klammerer. Wenn du deinen Betrachtungsstandpunkt wechselst, kannst du in deinem Kollegen aber auch einen Menschen finden, der dir wertvolle Hinweise in einer Reihe von Beziehungsfragen geben kann, und dein Partner offenbart sich dir als geliebter Mensch, der dich auf deine Erschöpfung aufmerksam macht.

Ich halte wenig von erzwungenem positivem Denken, von einer quasi gewaltsamen Autosuggestion. Tatsächlich hilfreich ist der bewusste Umgang mit der Interpretationsmaschine in unserem Kopf. Es ist das aufmerksame Betrachten der vier Lebensbereiche, so wie wir sie erfahren, und die absichtsvolle Wahl des Betrachtungsstandpunktes.

Die folgenden Übungen sollen dir ein Gefühl geben für deine Art, die vier Kernbereiche deines Lebens wahrzunehmen und sie mit dir selbst zu verbinden. Das ist die Voraussetzung, im Einklang mit deiner Wahrnehmung und deiner inneren Verfassung zu handeln.

Übung 11: Die vier Kreise des Seins – jetzt

Beschreibe die vier Kernbereiche deines Lebens – dich selbst, die wichtigsten Menschen in deinem Leben, dein Wirken und dein Weltbild. Achte darauf, nicht etwa deine Beziehung zum beobachteten Objekt, sondern wirklich das Objekt selbst zu beschreiben.

So enthält die Aussage, „Meine Mutter interessiert sich wenig für meine Belange", vor allem eine Aussage zur Beziehung, nicht aber zur Mutter, die im Kernbereich „Du" beschrieben werden soll.

Eine Beschreibung lässt ein Bild vom beschriebenen Objekt im Geiste des Zuhörers entstehen. Es steht ihm dann frei, nach eigenen Mustern zu interpretieren oder atmosphärische Aspekte (Spannung, Leichtigkeit, ...) hinzuzudichten.

So würde die Mutter von oben eher so beschrieben: „Wenn meine Mutter konfrontiert wird mit persönlichen Aussagen – wenn ich z.B. von meiner Arbeit erzähle –, beginnt sie regelmäßig mit irgendeiner Hausarbeit. Sie läuft dann viel im Raum umher und räumt Dinge um oder versorgt die Bügelwäsche. Dabei hüstelt sie immer wieder.

Sie kommentiert kaum und beginnt nach kurzer Zeit mit einem ganz anderen Thema." – Hier wird wirklich die Person beschrieben. Wie der/die ErzählerIn zu dieser Person steht, spielt keine Rolle.

Es ist wichtig, dass du trainierst, Situationen und Menschen in dieser Weise zu beobachten. Denn allzu schnell werden Verhaltensweisen interpretiert („sie interessiert sich nicht") und die Wahrnehmung der vollen Situation damit erheblich verkürzt. – Beobachte dich selbst bei der folgenden Übung.

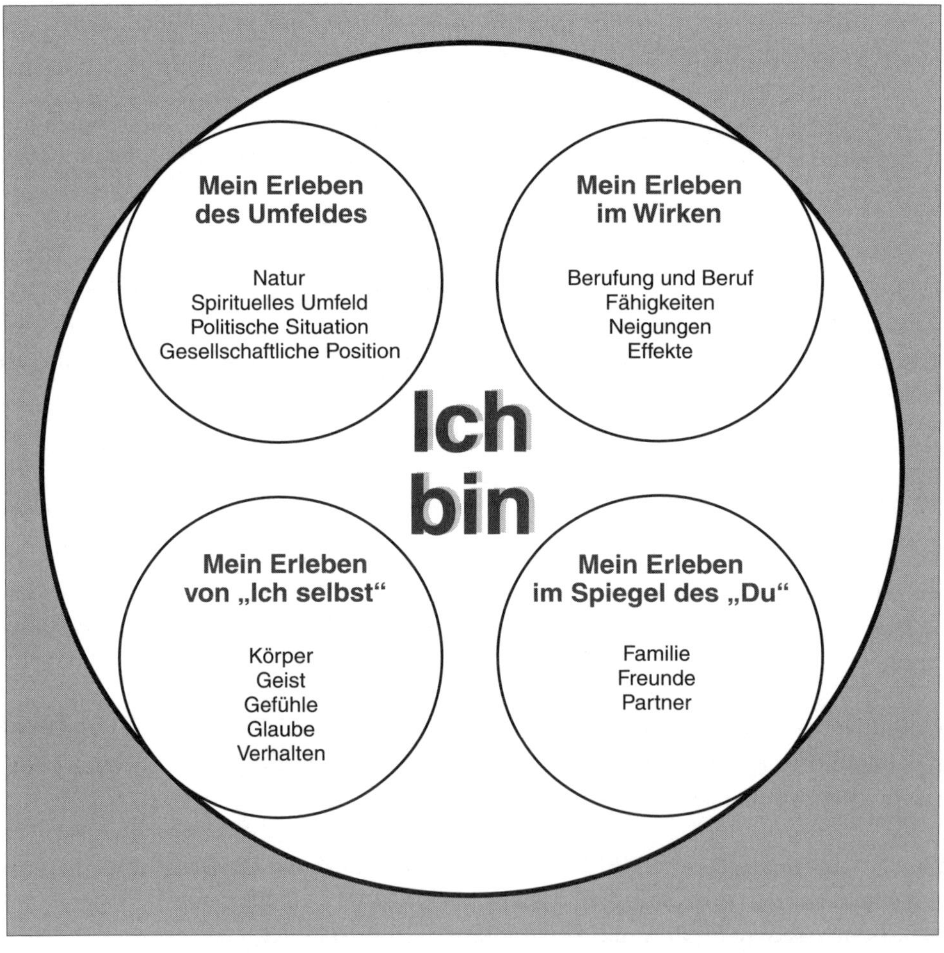

Nimm dein Leben in Bezug auf jeden Kreis intensiv wahr und beschreibe ihn. Notiere eine Woche lang alle Eindrücke zu den Kreisen. Verwende vier Blätter (je eines für ein Feld). Die in der Grafik bezeichneten Felder in den jeweiligen Kreisen sind nur Anregungen. Sieh selbst, welche Aspekte eines Kreises dir beobachtenswert erscheinen. Notiere deine Wahrnehmung der Vier Kreise zuerst ohne viel Nachdenken.
Beispiel zu Feld 1 des ersten Kreises: „Ich selbst“: „Körperwahrnehmung“ – auf deinem Zettel könnte stehen:

- ➜ Ich habe schmale, wache, grüne Augen,
- ➜ ich habe einen großen, schweren, muskulösen Körperbau,
- ➜ meine Haut fühlt sich stumpf an,
- ➜ mit meiner Verdauung stimmt was nicht,
- ➜ eigentlich bin ich schön,
- ➜ ich fühle mich müde und abgespannt.

Führe die Ausarbeitung zunächst für weitere Felder des jeweiligen Kreises fort. Zum Beispiel mein Empfinden, meine Art zu denken, meine innere Welt etc. Gehe dann Kreis für Kreis, Feld für Feld weiter.

Beispiele hilfreicher Fragen für die Vier Kreise:

- ➜ *Erster Kreis:* Wer bin ich? Was macht mich aus? Wie fühle ich mich?
- ➜ *Zweiter Kreis:* Welche „Du's“ gibt es in meinem Leben? Wie verhalten sie sich? Was ist ihnen wichtig?
- ➜ *Dritter Kreis:* Wo und wie wirke, handle, tue ich? In welchem Umfeld, mit welchem Effekt?
- ➜ *Vierter Kreis:* Wo lebe ich? Was sind die bestimmenden Faktoren dieser Umwelt? Wie funktioniert es?

Durchsuche nun in einem zweiten Durchgang deine Aufzeichnungen nach Bewertungen, Verkürzungen, Interpretationen. Hierin findest du bereits wertvolle Hinweise für deine Glaubenssätze. Merke dir die Punkte, die dich zur Verkürzung oder Bewertung verleitet haben.

Tipp: Bei Formulierungen wie „eigentlich“, „man“, „vielleicht“ (siehe Beispiel) sei präzise: „eigentlich“ drückt eine Einschränkung oder Unsicherheit aus. Gehe dem nach und formuliere so, dass keine Einschränkung nötig ist. Bei wertenden Beschreibungen – schön, hässlich, dünn, fett etc. – besinne dich auf Beschreibung – nicht Bewertung! Nimm jedoch zur Kenntnis, an welchen Stellen du in eine Wertung ausweichst. Wir kommen später noch einmal darauf zurück.

11.1 Regeln in meinem Sein

Der „Begrenzungsrahmen“ deiner Wirklichkeit und Gestaltungsmacht ist gegeben durch das, was du glaubst. Bei der Übung „Die Vier Kreise des Seins“ geht es um den Unterschied zwischen tatsächlichem Vorgang, Interpretation und Betrachtungsstandpunkt. Sicher hast du bemerkt, wie schwer es ist, nur wahrzunehmen ohne zu bewerten oder zu schlussfolgern. Bei etwas mehr Übung und Bewusstheit wird es dir bald gelingen, ganz absichtsvoll deinen Betrachtungsstandpunkt zu wählen. Was jedoch geschieht mit den Interpretationsmustern – mit den Glaubenssätzen –, die im Rahmen eines bestimmten Standpunktes ablaufen?

Glaubenssätze sind dafür zuständig, wie wir das, was wir wahrnehmen, wahrnehmen. Sie reduzieren die Komplexität der Gesamtsituation und verkürzen den Prozess, der zur Bestimmung unseres Standpunktes zu einer bestimmten Wahrnehmung führt.

Unbewusst mag zum Beispiel der Glaubenssatz sein: „Ich bin es nicht wert, wirklich Anerkennung zu erfahren.“ So mag in einer Situation, in der du dich deinen Kollegen mit einer neuen Geschäftsidee präsentierst, das Stirnrunzeln deines ärgsten Konkurrenten, das klingelnde Handy deines Vorgesetzten oder einfach ein weiterer, alternativer Vorschlag aus der Runde bereits das Signal geben: Mein Konzept wird nicht anerkannt. Tatsächlich geht es allein um deine Interpretation von dir selbst. Der Glaubenssatz, der durch diese wenigen Signale aktiviert wurde, heißt: „Ich bin es nicht wert, wirklich Anerkennung zu erfahren.“ Er verkürzt deine Wahrnehmung von der Reaktion deiner Gegenüber. An wenigen, fragmentarischen Signalen der Situation setzt bereits die Schlussfolgerung ein, dass du (wieder einmal) keine Anerkennung erfährst.

So mag dir das Neue der Situation gänzlich entgehen, weil die bekannten Negativ-Signale bereits deine Standpunktwahl vorgegeben haben. So übersiehst du vielleicht, dass der Alternativvorschlag deine Idee vollständig aufnimmt und wertschätzt und sie zudem um eine wertvolle technische Komponente ergänzt. Auch dass dein Vorgesetzter, der sein Handy wegen der Wichtigkeit des Anrufs anließ, seinen Anruf kurzerhand abwürgt, um so schnell wie möglich wieder bei dir und deiner Situation zu sein, hat kein Gewicht mehr gegenüber der Bestätigung deines uralten Glaubenssatzes.

Das Tückische an derart bestimmenden Glaubenssätzen ist nicht nur, dass wir Chancen übersehen und Fehler wiederholen, sondern vor allem, dass uns die Glaubenssätze gar nicht mehr bewusst sind. Die kraftvollsten Glaubenssätze , die unsere Wirklichkeit bestimmen, haben wir entweder ins Unbewusste oder in das so genannte „Objektive“ abgeschoben.

Wir haben unsere Glaubenssätze irgendwann einmal installiert. Damals hatten wir ein bestimmtes Ziel, z.B. nicht gesehen zu werden, um nicht angreifbar zu sein. Der Satz „Ich werde nicht gesehen" wirkt. Er ist unsere persönliche Wirklichkeit geworden. Die Umstände und Ziele unseres Lebens haben sich aber geändert. Mittlerweile wissen wir, wie wir mit Angriffen umgehen können und wollen gesehen werden. Die Tatsache, dass wir diese Glaubenssätze irgendwann einmal gesetzt haben, hatte ihren guten Grund, denn neue Glaubenssätze werden meist genau dann definiert und in deinem (Unter-)Bewusstsein verankert, wenn eine akute Situation neue Lösungen erfordert. Daher bitte ich dich, den Wert deiner alten Glaubenssätze für dich bis heute wertzuschätzen. Vielleicht erkennst du ja sogar, wofür sie dir dienten.

Jetzt gilt es allerdings, uns an den einstmals hilfreichen Glaubenssatz und seine Wirkung auf unsere Wirklichkeit zu erinnern und ihn den neuen Zielen gemäß zu verändern. – Ich halte nichts davon, in „altem Schlamm" zu wühlen. Fragen zu Umständen, Bedingungen und Gründen deiner damaligen Entscheidung verführen dich dazu, in alte Muster von Schuldzuweisung, Ohnmachtsgefühl oder fragwürdige Kausalitäten zurückzufallen. Mach dir einfach die Glaubenssätze, die heute dein Leben, deine Wahrnehmung, dein Verhalten und Empfinden bestimmen, bewusst. Betrachte sie, so wie sie heute sind. Prüfe sie, ob sie heute, so wie sie sind, noch zu dir passen. Wenn nicht, dann verändere sie.

Wenn du deine Glaubenssätze veränderst, werden sich auch deine Vier Kreise verändern. Wenn sich deine Vier Kreise verändern, wird sich dein Erfahrungsraum verändern. Wenn sich dein Erfahrungsraum ändert, betrittst du eine neue Wirklichkeit.

Eröffne dir jetzt Techniken, mit denen du die Bestimmungspunkte deiner Wirklichkeit wieder aufspüren kannst. Wenn du an die Essenz kommst, wirst du staunen, wie viele deiner selbst gemachten „Gesetze zur Wirklichkeit" dir gar nicht mehr bewusst waren. Auf welcher Ebene du einen Glaubenssatz entdeckt hast, spürst du. Aufgedeckte Glaubenssätze zeigen sich entweder mit großer Gewissheit („das ist wahr") oder sind mit starken Emotionen verbunden (es schmerzt, wenn dieser Satz so „blank" vor dir steht). Was das Erkennen von Glaubenssätzen bedeutet und wachrufen kann und wie du diese hoch wirksamen Steuermechanismen ganz bewusst einzusetzen lernst, werden dir die folgenden Übungen näher bringen.

Übung 12: Unbewusste Glaubenssätze entdecken

Du kannst jetzt deine Aufzeichnungen aus den Vier Kreisen als Anhaltspunkt nehmen, deinen Glaubenssätzen auf die Spur zu kommen. – Denn das, was du als „Wirklichkeit" mit den Vier Kreisen beschrieben hast, ist natürlich nicht mehr und nicht weniger als deine ganz persönliche Wirklichkeit. Jeder andere Mensch hätte die beschriebenen Objekte und Situationen anders beschrieben, als du es getan hast. Folglich stecken in deinen Beschreibungen Aussagen darüber, welche Regeln für deine Wirklichkeit gelten. Wie die Welt, wie du selbst, dein Wirken, deine Umwelt beschaffen sind und funktionieren. Du bist jetzt aufgefordert, den Wortlaut deiner Regeln zu finden. Dabei helfen dir besondere Ereignisse im Rahmen deiner Vier Kreise:

1. Deine Konflikte im Inneren.
2. Deine Konflikte im Äußeren.
3. Wiederkehrende Erfahrungen (vor allem Misserfolge).

1. Konflikte im Inneren

Überlege, an welchen Stellen du dich schon oft wie „im Hamsterrad" gefühlt hast. Du fühlst dich gezwungen, das eine zu lassen, wenn du das andere tun willst.

Beispiel: Du bist Busfahrer, seit 12 Jahren im Betrieb. Deiner Neigung und Fähigkeit entsprechend interessierst du dich für Menschen – ihr Verhalten, ihre Bedürfnisse, ihre Art, sich zu verständigen. X-mal schon hast du festgestellt, dass einige Vorschriften im Betriebsablauf vollständig mit den Gewohnheiten und Bedürfnissen deiner Fahrgäste kollidieren. In dem dir zustehenden Rahmen versuchst du so oft wie möglich, außerhalb der Vorschriften zu tun, was dir angemessen erscheint. Der Effekt ist gering und du bist weiterhin Prellbock für regeltreue Kollegen und frustrierte Fahrgäste. Halte inne.

Betrachte deinen inneren Zwiespalt und deinen bisherigen Weg, das Problem zu lösen. Gehe dabei auch jeden der Vier Kreise durch und frage dich:

→ Gibt es andere Wege?
→ Wie könnten solche Wege aussehen?
→ Was hält dich davon ab, andere Wege zu gehen?

Und das könnte der innere Dialog des Busfahrers sein:

→ *Es hat eh keinen Sinn.*
→ *Vielleicht habe ich ja Unrecht.*
→ *Es kann ja nicht jeder einfach die Vorschriften verändern.*

Das sind nicht einfach nur Sprüche. Hinter diesen Sprüchen liegen tiefste Überzeugungen. Bei dem Busfahrer könnten sich Glaubenssätze wie

→ *Es gibt Menschen, die machen Regeln, und es gibt Menschen, die diesen Regeln bedingungslos unterworfen sind. (vierter Kreis)*
→ *Ich gehöre zu denen, die den Regeln folgen müssen. (erster Kreis)*
→ *Ich ziehe Ärger und Kontrolle an. (erster Kreis)*
→ *Als Einzelner kann man nichts bewirken. (vierter Kreis)*
→ *An mir bleibt sowieso immer der Dreck hängen! (dritter Kreis)*

Findest du es erstaunlich, dass ein Mensch, dessen Weltsicht auf diesen Glaubenssätzen ruht, Zwang, Kontrolle, Machtlosigkeit erfährt?

Entdecke jetzt anhand deiner inneren Dialoge und Konflikte die Glaubenssätze , mit denen du – ja: du alleine! – deine Erfahrungen, deine Wirklichkeit und dein Empfinden erzeugst. Schreibe sie so „scharf" wie möglich auf.

2. Konflikte im Äußeren

Jetzt sieh deine Konflikte im Äußeren an. Am besten, du lässt dieses Experiment über einige Wochen laufen und sammelst alle Begebenheiten, in denen du dich über Menschen und Situationen sehr geärgert hast. Der zweite und dritte Kreis dienen dir hier auch als Inspiration. Am Ende jeder Woche fasst du zusammen:

- ➜ Worüber ärgere ich mich am meisten an anderen Menschen und in bestimmten Situationen?
- ➜ Über welche Eigenschaften und Verhaltensweisen?
- ➜ Mit welchen Gefühlen reagiere ich?

Diese Konflikte im Äußeren spiegeln oft einfach nur uns selbst – da, wo wir lieber nicht hinsehen wollen, da, wo wir selbst verletzt wurden, und da, wo wir uns selbst verurteilen. Führe deine Entdeckungen zunächst auf dich selbst zurück. Das führt dich am direktesten zur Essenz des zugrunde liegenden Glaubenssatzes:

Beispiel: Wenn ich mich mit meiner Frau unterhalte und sie, während ich mit ihr spreche, ständig zu dem Kerl am Nebentisch glotzt, könnte ich fuchsteufelswild werden.

1. Schritt: Beobachte deine Gefühle.

- ➜ Ich ärgere mich über ihre Unaufmerksamkeit.
- ➜ Ich habe das Gefühl, nicht gesehen zu werden; ich habe Angst, sie könnte den anderen Mann attraktiver finden als mich; ich bin verzweifelt, weil ich sie nicht erreichen kann.

2. Schritt: Forsche nach den Glaubenssätzen, die diese Gefühle hervorrufen.
Mögliche Glaubenssätze:

- ➜ Ich werde nicht gesehen.
- ➜ Ich bin nicht attraktiv (für meine Frau).
- ➜ Ich kann meine Frau nicht erreichen.
- ➜ Was ich zu sagen habe, ist langweilig.
- ➜ Meine Frau interessiert sich nicht für mich.
- ➜ Meine Frau hält Ausschau nach einem anderen Mann usw.

3. Schritt: Unterscheide zwischen deinen Gefühlen und der Beobachtung.
➔ Was haben all diese Gefühle mit der tatsächlichen Beobachtung zu tun?
➔ Was mit dem Verhalten meiner Frau?

Gehe noch einen Schritt weiter und finde dein tatsächliches Anliegen: Worum geht es eigentlich? Um mein Selbstwertgefühl? Um meine Vorstellung, wie ein liebevolles Verhalten zwischen Partnern sein sollte?

Wenn du diesen Beobachtungsstandpunkt erreicht hast, werden sich nicht nur deine Gefühle in der aktuellen Situation verändern. Du wirst außerdem auch Ansatzpunkte für die Klärung in dir (Selbstwert) und mit deiner Frau (Verhalten und Vereinbarungen) finden.

3. Wiederkehrende Erfahrungen

Und nun zum heißesten Thema: *Wiederkehrende Erfahrungen.* – Interessanterweise bestätigen wir unsere beengenden Glaubenssysteme mit immer neuen Erfahrungen nach gleichem Muster in uns selbst. Durch die Beschneidung, die Glaubenssätze in der Wahrnehmung bewirken, fokussieren wir in neuen Situationen ganz schnell bekannte Signale. Ich erinnere an die Präsentation im Unternehmen, wo ein klingelndes Handy bereits zu der Schlussfolgerung führt, es würde Anerkennung versagt. Der Glaubenssatz „Ich werde nicht anerkannt" wirkt. Die Signale (hier das Handy) stoppen die vollständige Wahrnehmung des Sachverhalts und verkürzen den Weg zur Bewertung und zur Positionierung. Aus dieser Position heraus reagieren wir. Und zwar nicht auf den tatsächlichen Sachverhalt (ein klingelndes Handy), sondern auf unsere Interpretation des Sachverhalts: Verweigerung von Anerkennung. Aus Sicht der anderen Teilnehmer ist unsere Reaktion – also Rückzug oder Verteidigung – völlig unangemessen. Und letztlich erzeugen wir mit unserer Reaktion aus einer vorschnell eingenommenen inneren Bewertung der Situation tatsächlich Ablehnung oder Geringschätzung. Unser Glaubenssatz hat so auf die Situation gewirkt, dass wir eine Erfahrung immer und immer wieder wiederholen.

✎ Hör dich einmal um in deinem Bekanntenkreis: Beispielsweise zum Thema Vorsorge, Vorsicht, Verteidigung. Betrachte, welche Erfahrungen die Menschen mit sehr „vorsichtigen" Einstellungen machen. Und welche der „Bedrohungen" die Menschen treffen, tatsächlich treffen, die recht unbekümmert durchs Leben gehen ...

✎ Jetzt überlege, welche hinderlichen Erfahrungen sich in deinem Leben stetig wiederholen. Sieh auch besonders aufmerksam in deinen vierten Kreis: Wie hast du dein Umfeld beschrieben? Wenn du davon ausgehst, dass du mit Glaubenssätzen das, was dir „widerfährt", programmierst – welche Glaubenssätze könnten sich hinter deinen Erfahrungen verbergen?

Tipp: Es mag sein, dass du an einigen Punkten nicht an den Aspekt der betrachteten Situation kommst, der dich selbst betrifft. Glaubenssätze sind eine wohl gehütete Burg unseres Unterbewusstseins. Schließlich wurden sie einmal eingesetzt, um bedrohliche Wahrnehmungen umzuinterpretieren. Wenn du diesen Schutz jetzt antastest, mag eine Abwehr aktiviert werden. Gib nicht auf. Besinne dich auf das Ziel, dass du dir mit der Durchführung des Empowerment-Trainings gesetzt hast. Reflektiere die drei „Zeiger" (innere und äußere Konflikte und wiederkehrende Erfahrungen) immer wieder nur in Bezug auf dich selbst. (Schuld-)Projektionen auf jemand oder etwas anderes/n als dich selbst bringen dich nicht weiter.

Im Verlauf dieses Trainings wirst du mit dem zunehmenden Bewusstsein deiner VERANTWORTUNG für alles, was dich und dein Leben ausmacht, auch der MACHT gewahr werden, die in dieser Verantwortung liegt. Die Macht, deine Wirklichkeit, deinen Erlebensraum absichtsvoll zu gestalten, beginnt bei der bewussten Wahl und Gestaltung deiner Glaubenssätze.

ÜBUNG 13: GLAUBENSSÄTZE TRANSFORMIEREN

Glaubenssätze sind selbst gewählte Interpretationen der Welt und können deshalb verändert werden. – Es gibt in einem (Glaubens-)Satz oft mehrere Anhaltspunkte für eine Transformation. Das Wesentliche der Transformation besteht darin, eine Formulierung zu finden, die dir Kraft gibt und eine nach-vorne-gerichtete, handlungsmotivierende Betrachtung der Umstände ermöglicht.

Beispiel: Gefundener Glaubenssatz: „Das Leben in dieser Stadt laugt mich aus. Ich bin ständig müde." Tiefer könnte jedoch ein Glaubenssatz liegen wie: „Ich kann mich nur in der Natur entspannen." Mögliche Transformationen: „Natur tut mir besonders gut. Dort kann ich Reserven für andere Situationen auftanken. Auch in der Stadt habe ich Plätze, die mir diese Kraft verfügbar machen." – Dieser Satz eröffnet dir ad hoc eine andere – angenehmere und auf Erkundung ausgerichtete – Einstellung zu deinem Stadtleben. Gleichzeitig enthält er den Impuls, dich häufiger hinaus in die Natur zu begeben und ihre wunderbare Wirkung für dich zu nutzen.

Hinter dieser „Kette" könnte aber noch ein ganz anderer, viel wichtigerer Glaubenssatz stecken: Betrachte den Effekt: Du fühlst dich ausgelaugt und ständig müde. In welchen Situationen nimmst du das wahr – und was ist die dir gewohnte Folge? Fährst du dann raus, in die Natur? Kümmern sich deine Freunde dann besonders um dich? Nimmst du dir in diesen Situationen besonders viel Zeit für deine Regeneration?

Nehmen wir an, du stößt nach kritischer Überprüfung dieser Fragen auf folgenden Glaubenssatz: „Ich muss schwach sein, um zu bekommen, was ich will" – hier bist du möglicherweise an einen Kernglaubenssatz gekommen, der eine ganze Reihe von nachfolgenden Glaubenssätzen nach sich zieht. – Eine wirksame Transformation könnte sein, dass du formulierst: „Wenn ich mich erschöpft fühle, muss ich für Regeneration sorgen. Das geht besonders gut in freier Natur.“

Probiere es aus. Nimm die in der vorangegangenen Übung entdeckten Glaubenssätze und „spiele“ in der gerade beschriebenen Weise ein wenig mit ihnen.

Übe, mit sinnvollen Maßnahmen deinen transformierten Glaubenssatz zu bestärken – sinnvoll in Bezug darauf, dass die Maßnahme

- ➜ einen unmittelbaren Effekt auf der angesprochenen Ebene (hier: Regeneration) erzeugt,
- ➜ konkret formuliert ist (Zeit-, Mengen-, Ausführungsangaben) und
- ➜ kurz- bis mittelfristig innerhalb deines bestehenden Lebensrahmens umsetzbar ist.

Beispiel:

- ➜ Ich fahre von nun an mindestens an jedem zweiten Wochenende raus ins Grüne.
- ➜ Ich suche mir eine Wohnmöglichkeit in der Natur.
- ➜ Ich lerne, mich anders zu entspannen, und zwar mittels ______.
- ➜ Ich arbeite weniger und bin jeden Tag vier Stunden im Freien.

Verfahre so mit allen Glaubenssätzen, die du entdeckt hast, und nimm die wirkungsvollsten Maßnahmen heraus. Plane sie in deine nächste Zeit verbindlich ein.

Nun, ist es dir leicht gefallen, positive, Kraft gebende Formulierungen zu finden? Jetzt wird es ernst: Es geht um die grundlegende, vollständige und nachhaltige Wandlung deines Glaubenssystems.

Übung 14: Wirklichkeit ändern

Sieh die Glaubenssätze an, die du mittels der vorangegangenen Übungen in deiner Wirklichkeit aufgespürt hast. Betrachte, wie sie zusammenhängen: Glaubenssysteme beruhen meist auf wenigen Kern-Glaubenssätzen, die dann mit der Zeit eine Reihe weiterer Glaubenssätze nach sich ziehen.

Beispiel: Du hast entdeckt, dass in bestimmten Situationen folgende Glaubenssätze deine Wirklichkeit manipulieren:

- ➜ Ich bin nichts wert.
- ➜ Das schaffe ich ohnehin nicht.
- ➜ Nur wenn ich schwach bin, bekomme ich Zuwendung.
- ➜ Zuviel Stress lässt mich krank werden.
- ➜ Die „anderen“ können meine Stärke nicht ertragen.

Was meinst du: Ist hier ein Kern-Glaubenssatz enthalten? Du entdeckst ihn am ehesten, wenn du jeden Glaubenssatz mit der Frage: **„Was muss ein Mensch glauben, der eine solche Wirklichkeit erschafft?“** untersuchst.

Der Zusammenhang im gegebenen Beispiel könnte so aussehen: Schlüsselerlebnis – als lebhaftes Kind von „schwer beschäftigten“ Eltern hast du dich zu wenig beachtet gefühlt. Deine guten Ergebnisse im ersten Schuljahr blieben unbeachtet – bis du krank wurdest und einen erheblichen Nachholbedarf in der Schule aufgebaut hast. Plötzlich hatte deine Mutter Zeit, Hausaufgaben mit dir zu machen, die Lehrerin hat permanent ausgerechnet nach deinen Ergebnissen gesehen (und dich „bloßgestellt), die anderen Kinder waren dir offensichtlich weit voraus. Deine kindliche Entdeckung: „Nur wenn ich schwach bin, bekomme ich Zuwendung.“

Das hat auch später in Partnerschaft und Beruf funktioniert. Du musstest nur „passende“ Signale deiner Schwäche als Garanten für Aufmerksamkeit entwickeln: Wertlosigkeit, Stressanfälligkeit, Krankheit.

Spüre Schritt für Schritt solcherlei Zusammenhänge – die Hierarchie und Evolution deines Glaubenssystems – auf. Stelle auf einem großen Blatt Papier dar, wie deine Kernglaubenssätze weitere Glaubenssätze hervorgebracht haben und wie sie damit in bestimmte Lebensbereiche ausgegriffen haben.

Transformiere oder verabschiede nun alle Glaubenssätze, von denen du spürst, dass sie heute nicht mehr hilfreich für dich sind. Es macht Sinn, dies mit den Kern-Glaubenssätzen durchzuführen – denn wenn du sie überprüfst und veränderst, ändert sich alles, was aus ihnen erwachsen ist.

Mach dir klar:

- Mit welcher Intention hast du die Glaubenssätze einstmals installiert?
- Haben sie in diesem Sinne einen guten Dienst getan?
- Benötigst du diesen Dienst in dieser Form noch?
- Wenn ja: Welchen „Preis“ bezahlst du für diesen Glaubenssatz (wo wirkt er, ohne ursprünglich darauf gerichtet gewesen zu sein)?
- Könnte eine Veränderung des Glaubenssatzes gleichzeitig Behinderungen auf anderen Ebenen ausräumen? (Hier hilft dir die Übersicht, in der du die Zusammenhänge deines Glaubenssystems dargestellt hast.)

Wenn du Glaubenssätze gar nicht mehr benötigst, dann bereite sie für eine Verabschiedung vor. Schreibe für jeden Glaubenssatz, den du verabschieden willst, einen kleinen Zettel und lege ihn mit den anderen „überkommenen“ Glaubenssätzen beiseite.

Wenn du bestimmte Glaubenssätze zwar nicht mehr in ihrer alten Form, doch grundsätzlich weiterbehalten willst, dann transformiere sie. Das bedeutet, du findest eine Formulierung, die deinen heutigen und zukünftigen Werten und Lebensumständen gemäß ist. Vermeide bei der Neuformulierung Verneinungen oder allzu komplizierte „Bedingungen". Ein wirksamer Glaubenssatz ist kurz und eindeutig. Wie ein Tatbestand eben ...

Führe abschließend ein kleines Ritual zur Verabschiedung oder Änderung der Glaubenssätze durch.

Deine transformierten Glaubenssätze sollten nun auch auf einem Blatt Papier stehen: Heiße sie willkommen, indem du sie auf einzelnen Kärtchen in deinem Umfeld so verteilst, dass sie dir im Tagesverlauf immer mal wieder begegnen. Du wirst wissen, wann du diese „Erinnerung" im Außen nicht mehr benötigst. Dann hast du sie in dir aufgenommen und kannst die Kärtchen wegnehmen.

12. Authentisches Sein

Du konntest nun eine ganze Reihe von Entdeckungen über die Wirkmechanismen und Ausprägungen deines bisherigen Lebens machen. Gerade bei den Annahmen über deine Umwelt, den zweiten, dritten und vierten Kreis deines Seins, mögen sich neue Möglichkeiten für dich herausgestellt haben. Warst du dir dabei durchgängig der Tatsache bewusst, dass auch die Beobachtungen deiner Umwelt letztlich Teil von dir sind? Nicht nur der erste Kreis „Ich selbst" ist Teil und Ausdruck deiner Persönlichkeit. Alle Kreise, so wie sie sich dir darstellen, sind es. Sieh dir noch einmal die Darstellung der Vier Kreise des Seins an: Siehst du, dass in der Mitte der vier Kreise „Ich bin" steht?

Wie du deine Umwelt also erfährst, ist letztlich Ausdruck deines Wesens. Du wirst auf der ganzen Welt nicht ein Wesen finden, das deine Umwelt so wahrnimmt und erfährt wie du. – Aber wer bist du nun?

Wie ist das Wesen beschaffen, das dort im Zentrum steht und eine eigene Wirklichkeit erfährt? Wer ist das, der/die sich absichtsvoll diese Wirklichkeit zu Eigen macht, um ganz spezielle Erfahrungen zu machen?

Jetzt ist es an der Zeit, dich mit eben dieser Frage „Wer bin ich?" zu befassen. Denn erst auf dieser Basis hast du einen inneren Kompass vor Augen, der dich in eine aktive Lebensgestaltung führt, die deinem Wesen gemäß ist.

Du wirst merken, diese Frage ist nicht leicht zu beantworten, wenn du über die äußeren Merkmale deiner Person hinausgehst und dich in die versteckten Kammern und heimlichen Bilder deiner Seele begibst. Du bist jetzt aufgefordert, behutsam den Schatz deiner Seele zu heben – und nicht ein einziges Goldstück dabei zu vergeuden: Jeder Impuls, jeder Traum, jede Gabe zählt. Entdecke dich selbst!

12.1 Einführung in die Systematik der Fünf Wandlungsphasen

Bei der Kontaktaufnahme mit dem inneren Bild des Selbst kann das Konzept der Fünf Wandlungsphasen wertvolle Dienste erweisen. Dieses über 3000 Jahre lang bewährte System stellt die Verfeinerung des Yin-Yang-Prinzips der Traditionellen Chinesischen Medizin (TCM) und der ihr zugrunde liegenden Philosophie dar. Es macht die ständig sich vollziehende, energetische Wandlung unserer Welt sichtbar.

Ich gehe davon aus, dass wir alle mehrere energetische Entitäten in Form einer Vision und bestimmter Potenziale in uns tragen. Sie zu erkennen, ausgewogen wertzuschätzen und miteinander auf eine gemeinsame, übergeordnete und integrierende Vision auszurichten, ist die Basis für eine vollständige und harmonische Entfaltung gegebener Fähigkeiten, Träume und Wirklichkeiten. Deshalb ist es hilfreich, die fünf Elemente, die uns überall – und am deutlichsten in der unberührten Natur – umgeben, wieder bewusst wahrzunehmen, sich ihrer Qualität und Wirkung anzunähern und eine wertschätzende Haltung zu ihnen aufzubauen. Das ist der erste Schritt, bevor wir durch unser inneres Tor die eigenen Entitäten ansprechen. Jeder unserer inneren Persönlichkeitsaspekte ist durch eines dieser Elemente repräsentiert.

Beginnen wir bei der Phase des **Holz**es. Diese Phase wird zuweilen auch als Wind charakterisiert. Sie stellt eine gerade nach oben gerichtete Energie dar, dem Geistigen, Immateriellen zustrebend. Es geht um Dematerialisierung, um Ideen, Ideale und Bewegung. Verfeinert werden hier zwei Typen unterschieden: Der erste wird beschrieben mit dem Bild des hellgrünen Sprosses, der kraftvoll dem Licht zustrebt und die harte Erdoberfläche trotz seiner Zartheit zu durchbrechen vermag. Der zweite wird repräsentiert durch das Bild des hohen, alten Baumes, dessen Krone sich himmelsnah weit über dem Boden des Alltäglichen ausbreitet. Die der Holzenergie zugeordnete Farbe ist Grün, die Organentsprechungen Leber und Galle. Gerät diese Energie ins Stocken, so sagt die TCM, kann sich dies auf emotionaler Ebene in Form von Ärger ausdrücken.

Feuer repräsentiert eine Phase von hoher Dynamik, ohne Richtung, allseitig und auswärts gerichtet. Es geht um Aktivität, Vorwärtsdrang, Leidenschaft, um Reinigung und auch Zerstörung. Assoziationen wie rot, heiß, eruptiv, entmaterialisert sind geradezu archaisch. In der TCM wird den Organen Herz und Dünndarm diese Energie zugeordnet. Auf emotional-psychischer Ebene kann Hysterie ein Ausdruck von übermäßigem Feuer sein.

Erde ist das Symbol für die Balance, die Ausgewogenheit. Eine sammelnde, abwärts gerichtete Bewegung, langsam und an Schwere zunehmend. Die TCM unterscheidet drei „Verdichtungsgrade": die leichte, weiße Erde, die fruchtbare gelbe und die tiefe, feste schwarze Erde. Der Erdphase werden die Organe Magen und Bauchspeicheldrüse zugeordnet. Auf emotional-psychischer Ebene können Misstrauen, Zweifel und Zynismus ein Ausdruck von übermäßiger Erde sein.

Metall entspricht der höchsten Verdichtung und Materialisierung. Bisweilen wird diese Energie auch mit Erz oder Stein verglichen. Kaum mehr Bewegung, sondern ins Zentrum gerichteter „Druck“. Auch hier werden zwei Phasen unterschieden: das noch heiße, flüssige rote Metall, den Sinnesgenüssen und der Fülle zugewandt. Die erkaltete, silbrigweiße und spröde Phase der maximalen Festigkeit, des Haltens und der Form. Die Organentsprechungen sind Lunge und Dickdarm. Übermäßige Verdichtung kann im emotional-psychischen Bereich Anhänglichkeit, Sturheit oder gar Depression hervorrufen.

Wasser in seiner einzigen Ausprägung symbolisiert den stetigen Fluss. Geschmeidig und zugleich kraftvoll passt es sich zwar seiner Umgebung an, findet und hält den einmal gefundenen Weg aus der Tiefe in die Sichtbarkeit. In der TCM wird den Organen Nieren und Blase sowie den Sexualorganen diese Energie zugeordnet. Auf emotional-psychischer Ebene drückt sich ein Ungleichgewicht in Unsicherheit bis zur Angst aus.

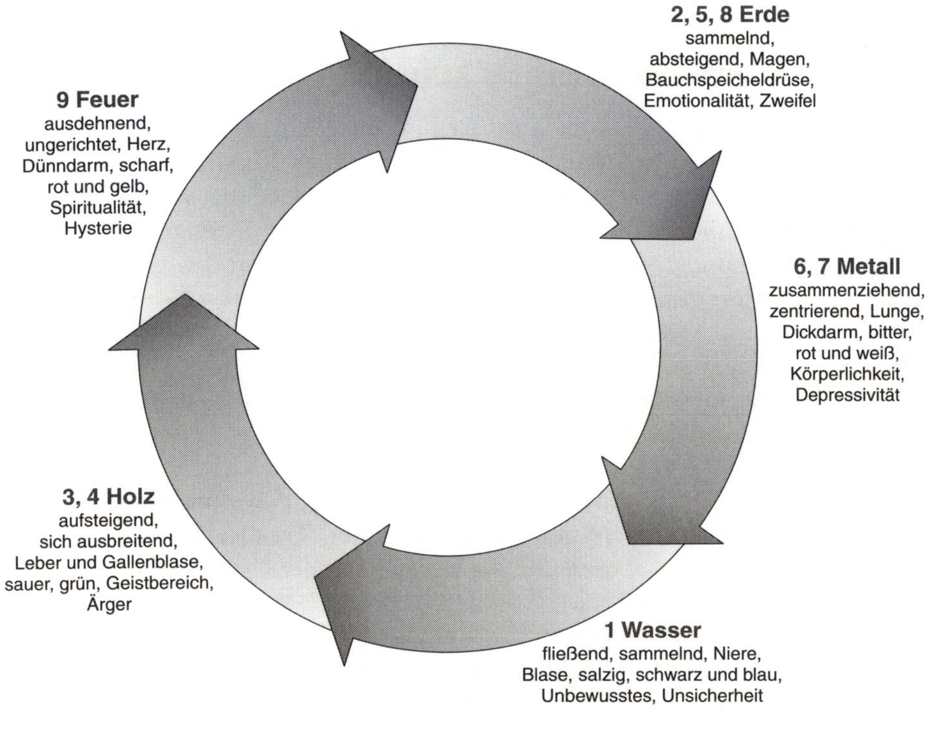

Für dein Empowerment kannst du das Bild der fünf Wandlungsphasen dafür nutzen, den Energiefluss in deinem physischen, mentalen und spirituellen Körper zu verstehen und zu verbessern. Du kannst auf diese Weise anschaulich und unmittelbar Verbindung herstellen zwischen dir und den elementaren Kräften der Natur. Das unterstützt dich dabei, dich selbst und die aus dir hervorgehenden Phänomene in ihrer Vielschichtigkeit zu erkennen, Wechselwirkungen und Entwicklungen in dir und um dich wahrzunehmen und zu steuern.

Wenn du dir deiner vielgesichtigen Wesenszüge einmal ganz bewusst geworden bist und sie in ihrer Eigenheit angenommen hast, dienen sie dir immer – IMMER – als innerer Maßstab in Entscheidungssituationen.

Für manche/n mag diese Vorgehensweise sehr ungewohnt sein – es ist schon sehr, sehr lange her, dass du dich so frei in deinem Sein bewegt hast. Besinne dich auf Kinderzeiten, in denen du an Zweck, Logik und Kontrolle keinen einzigen Gedanken verschwendet hast. Schenke dir diese tiefe Erfahrung und mache dir das darin enthaltene Wissen voll zugänglich!

Um hier direkt an deine Grundenergien zu gelangen, bitte ich dich, Kontakt zu den fünf Elementen der Natur aufzunehmen.

Übung 15: Kontaktaufnahme mit den fünf Elementen

Bestimme einen Tag, an dem du eines der fünf Elemente explizit erforschen willst. Hole es vor dein inneres Auge und konzentriere dich einige Minuten darauf. Führe ein kleines Ritual aus, in dem du um Begegnung bittest. Gehe hinaus in die Natur und laufe so lange herum, bis du einen Gegenstand findest, der dich stark anspricht und der für dein Empfinden die Zielenergie repräsentiert. Nimm den Gegenstand mit nach Hause und lege ihn an einen persönlichen, geschützten Ort. – Beobachte im weiteren Tagesverlauf, in welcher Gestalt dir das Element immer wieder begegnet: sei es in bestimmten Situationen, in der Stimme von Menschen, in einem Tier, das dir über den Weg läuft, in einem Gefühl, das plötzlich in dir aufkommt, in deinem Essen oder einer Geschichte, von der dir erzählt wird.

Führe diese Übung für alle fünf Elemente durch und lege die gefundenen Gegenstände an einen besonderen Ort. Nimm dir immer wieder Zeit, diese Gegenstände in die Hand zu nehmen und zu spüren und die Elemente in der Natur zu erleben.

Die Arbeit ist sehr sinnesbezogen und kreativ angelegt. Wenn diese Form der Betrachtung dir nicht vertraut ist, versuche sie dir durch entsprechende Aktivitäten – Malen, Phantasiegeschichten lesen, lange Ausflüge in die wilde Natur, sinnesbetontes Essen etc. – zugänglich zu machen.

Es kann sein, dass du eher ein akustischer (Hören), haptischer (Fühlen), olfaktorischer (Riechen & Schmecken) denn ein visueller Mensch bist. Nutze deine Veranlagung und passe die Übungen dementsprechend an: Als akustischer Mensch mag deine Reise nach innen eher durch Musik und Lauschen gefördert werden: komponiere, statt zu malen. Oder wenn du ein eher haptischer Mensch bist – erschließe dir deine innere Welt mittels Materialien und Substanzen, die du sammelst und dir zugänglich machst. Sie können dir durch das „Betasten“ den dir gemäßen Zugang geben. Nutze in jedem Falle deine Sinne für diesen Abschnitt. Deine Vernunft und dein Verstand sind zu eng, zu unbeweglich, um dir in dieser Etappe wirklich nutzen zu können.

In den Fünf Elementen ist dein ganzes Wesen erfasst – die Großartigkeit, aus der du schöpfen kannst. Je vertrauter sie dir sind, umso mehr kannst du auf sie zurückgreifen, wenn du etwas bewirken willst.

Übung 16: Das Bewusstsein über die eigene Vielgesichtigkeit

Nutze deine Beobachtungen und Erfahrungen mit den Phasen in der Natur und beginne nun, die jeweiligen Phänomene in dir selbst wiederzuentdecken.

Die wenigsten Menschen sind sich all ihrer Wesenszüge bewusst. Noch viel weniger räumen sie ihren verschiedenen Neigungen und Ausdrucksformen in ausgewogenem Maße Platz in ihrem Leben ein. Vielmehr gibt es Aspekte in uns, die wir nicht wahrnehmen oder nicht wahrnehmen wollen. Einige hiervon sind dir bei der Glaubenssatzarbeit bereits begegnet, als dir in zwischenmenschlichen Konflikten deine eigenen „Schattenseiten“ in deinem Gegenüber begegnet sind. Jeder Aspekt in uns trägt jedoch Lebenskraft.

Solange wir Aspekte unseres Selbst verleugnen, verurteilen oder zu „verbessern“ suchen, verlieren wir nicht nur die Lebensenergie, die mit dem verdrängten Aspekt verbunden ist, sondern wir verschwenden zudem Energie damit, diese ungeliebte Seite in uns zu unterdrücken. Die volle Energie entfaltet sich, wenn wir alle Aspekte ausgewogen annehmen und zum Ausdruck bringen.

Sieh dein derzeitiges Leben an. In welch verschiedenen Rollen erscheinst und wirkst du?

Beschreibe die jeweiligen Rollen mit mindestens fünf Adjektiven (vollverfügbare/r, beratende/r und wärmende/r, kritische/r, treibende/r, sehnsüchtige/r, fordernde/r, fröhliche/r, körperliche/r, anschmiegsame/r, hingebungsvolle/r, zweifelnde/r, selbstbewusste/r, fleißige/r, kreative/r, kritische/r, erotische/r ...)

Prüfe, ob sich manche Rollen (deutlich) überschneiden (viele Gemeinsamkeiten haben) und überlege, ob es sich hier letztlich nicht um eine Rolle handelt. Fasse sie gegebenenfalls zusammen.

Tipp: „Echte" Rollen schließen sich meist gegenseitig aus.

Und wie sieht es mit der Ganzheit und der Balance aus? Gibt es Rollen, die du lieber hättest? Oder lieber nicht hättest? Oder anders? Frage dich dabei:

- → Welche Eigenschaften an mir selbst kann ich gar nicht hinnehmen, an welchen Punkten versuche ich schon lange, mich zu ändern? Wie will ich gesehen werden?
- → Wie werde ich gesehen? Was verraten Feedbacks, Reaktionen oder Aufgaben, die mir gegeben werden?
- → Über welche Bedürfnisse fällt es mir leicht zu sprechen und über welche nicht? Welche Bedürfnisse hängen mit welcher Energie zusammen?

Die Antworten zeigen dir, inwieweit du bestimmte Seiten an dir besonders hervorheben willst oder inwieweit du andere Seiten in deiner Persönlichkeit nicht annehmen und kreativ entfalten kannst.

Mach dir abschließend noch einmal deutlich, durch welche Rollen du welche Energie im Sinne der fünf Wandlungsphasen zum Ausdruck bringst. Welche der Energien sind in deinem Leben sehr stark betont? Welche haben kaum Raum – und sollen vielleicht auch gar keinen haben?

Die „Stimmigkeit" eines Menschen hat enormen Einfluss auf seine Lebensqualität: Es ist schon lange kein Geheimnis mehr, dass der Akt des „Sich-Selbst-Annehmens" Voraussetzung für innere Zufriedenheit und äußeren Erfolg ist. Deine volle Kraft steht dir erst dann zur Verfügung, wenn jeder deiner Persönlichkeitsaspekte befreit von äußeren Modifikationen und in Einklang mit den anderen Aspekten in dir Ausdruck findet. Wenn es also dein Ziel ist, Balance und Stimmigkeit zwischen deinen verschiedenen Wesenszügen herzustellen, begib dich weiter auf die Reise:

Übung 17: Reise nach Innen

Um jeden Aspekt in seiner vollen, ursprünglichen Ausprägung wahrzunehmen, empfehle ich dir, deine Persönlichkeitsaspekte zunächst wie eigenständige Persönlichkeiten (Entitäten) wahrzunehmen. Erst wenn du ein sicheres Gespür für jeden einzelnen Aspekt entwickelt hast und dir ganz klar ist, mit welchen Gaben und Idealen jeder Aspekt ausgestattet ist, kann eine ausgewogene und umfassende Harmonisierung und Vereinigung dieser Aspekte erfolgen. Um deiner inneren Entitäten wieder ganz gewahr zu werden, biete ich dir eine kleine Traumreise an.

Suche dir einen vertrauten Menschen, der bereit ist, dir mit ruhiger Stimme und sehr langsam folgenden Text vorzulesen. Lege dich an einen Ort, an dem du dich geborgen fühlst. Mache es dir warm und bequem und schließe deine Augen. Genieße ...

Traumreise auf der Wiese

Leg dich entspannt hin, sorge dafür, dass dir angenehm warm ist während der Übung. Schließe nun die Augen und atme tief und ruhig. Spüre, wie der Atem durch deine Nase strömt, hinab in deine Lungen, tief in den Bauch hinein. Nimm, was dort sich gesammelt hat, und sende es hinauf-hinaus mit deinem Atmen. Fühle, wie der warme Atem alles fortträgt, was dich belastet. Nimm mit dem Einatmen frische, reine Energie auf, sauge sie in deine Nase, fülle deine Lungen, sende die reine Kraft hinab in deinen Unterbauch und von dort in alle Bereiche deines Körpers. Atme ein und aus.

Fühle deinen Rücken auf dem Boden. Lege deinen Körper ab auf der ganzen Fläche unter dir, die dich trägt.

Spüre, wie deine Füße warm sind und schwer werden. Fühle, wie die angenehme Wärme sich ausbreitet hinauf in deine entspannten Waden, Knie, Oberschenkel. Die Schwere deines Beckens auf dem Boden. Gib alles Gewicht ab an die Fläche unter dir. Das Becken liegt locker und schwer. Fühle deinen Bauch, wie er Atem aufnimmt und abgibt, sich hebt und senkt. Wie dein Brustkorb weich der Bewegung des Atems folgt, frei ist und offen. Spüre deine Schultern, wie sie alle Last an den Boden abgeben. Spüre die Wärme hinabfließen in deine Arme, die schwer werden, und deine Hände, aus denen Wärme strömt.

Entspannt liegt dein Nacken. Weich ist dein Kopf gebettet auf der Erde unter dir. Kinn und Mund sind entspannt, die Wangen weich. Die Augäpfel liegen tief in ihren Höhlen. Die Stirn ist kühl. Verweile in deinem dritten Auge, das die Energie deines Wesens sammelt und sich öffnet. Schärfe den Blick dieses inneren Auges und richte es ganz gerade vor dich.

Du stehst auf einer weiten Wiese. Viele farbige Blumen um dich herum duften. Hummeln und Käfer rauschen friedlich. Der Duft des Waldes zu dir hinüber. Es ist warm, die Sonne scheint. Ein Vogelruf dringt an dein Ohr. Stille. Das Summen der Bienen ... leise. – Du siehst dich um.

Ein gutes Stück entfernt steht ein Baum. Betrachte den Baum aus der Ferne. Und nimm den Weg zu ihm auf. Auf deinem Weg zum Baum halte inne und spüre, wie es sich anfühlt zum Baum zu gehen. Wie willst du dich ihm annähern? Blicke zu ihm herüber. Siehst du den Wind in seinen Blättern spielen?

Setze deinen Weg zum Baum nun fort.

Wenn du angekommen bist, nimm Kontakt auf: Dieser Baum hat unter seiner Krone einen ganz besonderen Platz für dich. Finde den Platz und nimm ihn ein. – Spüre, wie die Kraft dieses Baumes in dich fließt. Rieche den Duft seiner Rinde, seines Saftes, seiner Blätter. Höre sein leises Rauschen und öffne dich für die ganz besondere Kraft, die dieser Platz am Baum dir zukommen lässt.

Fühle deine eigene Kraft, wie sie sich erhebt und Wirkung entfaltet. – Beobachte, wie deine Inspiration sich dir zeigt, wie und wann sie erscheint – und wie du sie rufen kannst. Spüre Verbindung zwischen dir und ihr, die Kraft, die dich leicht macht, nach oben weht und dir unbegrenzte Beweglichkeit verleiht.

Halte inne. Nimm deinen Platz am Baum auf der Wiese wahr. – Sieh zum Horizont: Dort flackert ein Feuer. Betrachte das Feuer: Was nimmst du dort wahr? Welche Farbe hat das Feuer? Welche Form?

Nimm Abschied vom Baum. – Erhebe dich und tritt den Weg zum Feuer an. Auf deinem Weg zum Feuer halte inne und spüre, wie es sich anfühlt, zum Feuer zu gehen. Wie willst du dich dem Feuer nähern? Blicke zu ihm herüber. Siehst du die Funken sprühen, die Flammen züngeln? Kannst du die Hitze schon spüren?

Setze deinen Weg zum Feuer nun fort. – Wenn du angekommen bist, sieh: Dieses Feuer ist dein Feuer. Am oder im Feuer ist dein ganz besonderer Platz. Finde den Platz und nimm ihn ein.

Spüre, wie die Kraft dieses Feuers dich erfasst. Spüre die Hitze auf deiner Haut, höre das Knacken berstender Scheite. Rieche das Feuer und folge der Bewegung der Flammen in das Zentrum des Feuers. Öffne dich für die ganz besondere Kraft, die aus dem Zentrum dieses Feuers in dich dringt. – Fühle deine eigene Kraft, wie sie sich erhebt und Wirkung entfaltet. Beobachte, wie deine Leidenschaft und Schaffenskraft sich dir zeigt, wie und wann sie erscheint. Spüre Verbindung zwischen dem Feuer und dir, die Kraft, die dich handeln lässt, nach allen Seiten und unbändige Energie verleiht. Fühle Bedingungslosigkeit, die sie dir und deinem Wirken verleiht.

Das Knacken und Sprühen des Feuers wird dir wieder bewusst. Du lässt deinen Blick den Ascheflocken folgen, die weit in die Luft hinauswirbeln und sich in einiger Entfernung auf den Boden senken. Die Feuchtigkeit der Erde nimmt sie an und auf. Sie werden selbst zu schwerem, dunklem Lehm.

Nimm Abschied vom Feuer, erhebe dich und tritt den Weg zu Mutter Erde an. – Auf der Wiese wandelst du zu dem Ort, an dem die Asche zu Erde wird. Halte inne auf deinem Weg zur Erde und spüre, wie es sich anfühlt, zu Mutter Erde zu gehen. Wie willst du dich ihr annähern? Blicke zu dem Ort, an dem Asche und Erde verschmelzen. Siehst du ihre Weichheit, ihre Schwere, ihre Sattheit? Kannst du ihren Duft schon riechen?

Setze deinen Weg zu Mutter Erde nun fort.

Wenn du angekommen bist, sieh: Dieser Ort, an dem die Erde offen liegt, um Fülle zu nehmen und zu geben, ist dein Ort auf oder in der Erde. Finde den Punkt, an dem du dich niederlassen willst, und nimm ihn ein.

Spüre, wie die Obhut der Erde dich aufnimmt. Spüre die Feuchtigkeit und Wärme auf deiner Haut, nimm etwas Erde in deine Hand und knete sie, lasse sie durch deine Finger rinnen. Nimm Kontakt auf mit der Erde. Öffne dich für die ganz besondere Kraft, die dich umgibt, einhüllt und birgt: die Gravitation, die Schwere und Fülle der ewig großen Mutter.

Fühle deine eigene Kraft, wie sie sich in dir sammelt und Wirkung entfaltet. – Beobachte, wie du selbst Erde bist. Spüre Verbindung zwischen dir und ihr, die Kraft, die dir Boden und Geborgenheit gibt und unerschöpflichen Vorrat. Die Kraft, die dich bereit macht und öffnet. Fühle die Stille und Urkraft, die sie dir und deinem Wirken verleiht.

Es wird ein wenig feucht und kühl. Du liegst ganz auf und in der Erde und siehst auf. Auf Augenhöhe, doch außerhalb deiner Reichweite siehst du einen großen Stein. Wie zeigt sich dir der Stein? Welche Form hat er?
Nimm Abschied von Mutter Erde, erhebe dich und tritt den Weg zu dem Stein an. – Der Weg ist weiter, als es zunächst schien: Je näher du dem Stein kommst, desto prächtiger erscheinen dir Form und Farbe dieses Steins.

Auf deinem Weg zum Stein halte inne und spüre, wie es sich anfühlt, zu Vater Stein zu gehen. Wie willst du dich ihm annähern? Blicke zum Stein hinüber. Siehst du seine Kraft und Festigkeit? Kann dich sein Schatten schon bergen? – Setze deinen Weg zu Vater Stein nun fort.

Wenn du angekommen bist, sieh: Dieser Stein ist dein Stein. Es ist ein großer Felsbrocken, der dir einen ganz besonderen Ort anbietet, deinen Platz einzunehmen. Finde den Ort, an dem du dich niederlassen willst, und nimm ihn ein.

Spüre, wie die Kraft des Erzes dich umfasst. Berühre seine warme Oberfläche. Spüre die Festigkeit, sieh seine Farbe und seinen Glanz. Öffne dich für die ganz besondere Kraft, die Vater Stein dir offenbart.

Fühle deine eigene Kraft, wie sie dir Form gibt und Kraft und Festigkeit. – Beobachte, wie du Steinfrau/Steinmann bist. Spüre Verbindung zwischen Vater Stein und dir. Spüre die Kraft, die sammelt, verdichtet und dir Gewissheit schenkt, über das, was Materie ist. Die Kraft, die manifestiert.

In tiefer Übereinstimmung mit Vater Stein blickst du auf die Wiese vor dir. In einiger Entfernung siehst du Wasser glitzern.

Nimm Abschied von Vater Stein, erhebe dich und tritt den Weg zum Wasser an. – Lasse dich leiten vom Plätschern, das zuerst leise deinen Weg geleitet und immer deutlicher wird.

Auf deinem Weg zum Wasser halte inne und spüre, wie es sich anfühlt, zum Wasser zu gehen. Wie willst du dich ihm annähern? Blicke zum Wasser hinüber. Siehst du den unermüdlich glitzernden Fluss, die kleinen Tröpfchen in der Luft über dem Wasser? Setze deinen Weg zum Wasser nun fort.

Wenn du angekommen bist, sieh: Dieses Wasser hat einen Ort der Stille und der sanften Freude. Es ist dein Ort am oder im Wasser. Finde den Ort, an dem du dich niederlassen willst, und nimm ihn ein.

Spüre, wie die Sanftheit des Wassers in dich dringt. Lausche dem Plätschern oder Rauschen, sieh das Funkeln und Glitzern und Fließen. Fasse in seine weiche Substanz. Öffne dich für die ganz besondere Kraft, mit der das Wasser dich durchfließt.

Fühle deine eigene Kraft, wie sie Sanftheit und Kraft in dir verbindet, dich in Fluss kommen lässt. Beobachte, wie du Wasserfrau/Wassermann bist. Spüre Verbindung zwischen dir und der Wasserkraft, die Wege findet in der Tiefe, die weich ist und damit stark. Die, wann immer sie will, anschwellen kann zu mächtigen Strömen oder leise versiegt zu einem silbrigen. Die Kraft, die fließt im ewigen Wandel.

Im Spiel mit dem Wasser hast du Zeit und Ort vergessen. Nun wird dir mit einem Male bewusst, dass es kühl geworden ist und sich am Horizont die Dämmerung ankündigt. – Erhebe dich und blicke noch einmal zurück auf die Wiese, entlang des Weges, den du gegangen bist:
In der Ferne steht der Baum – seine Kraft ist in dir.
Und dort das Feuer – seine Kraft ist in dir.
Mutter Erde – ihre Kraft ist in dir.
Vater Stein – seine Kraft ist in dir.
Und geliebtes Wasser – seine Kraft ist in dir.

Sieh zurück in Dank und Verbundenheit. Du trägst sie alle in dir. Sie sind immer mit dir. Nimm Abschied und wende dich dem Wald zu deiner Rechten zu. Tritt den Heimweg an, bevor es Nacht wird.

Atme tief und ruhig. Spüre deine Brust, wie sie sich hebt und senkt. Spüre deinen Rücken, wie er den Boden berührt. Deine Finger, deine Zehen sind warm, Arme und Beine entspannt. – Du bist hier, in diesem Raum. Wach auf.

Wenn du von der Traumreise zurückgekehrt bist, bleibe noch einen Moment lang liegen und lass die Eindrücke auf dich wirken.

Mach dich dann in Stille daran, das Gesehene sinnlich wahrnehmbar darzustellen: Male, schreibe, komponiere oder assoziiere in und an deinem Körper die energetischen Aspekte deiner visionären Persönlichkeiten.

Vielleicht tut dir im Anschluss auch ein kleiner Spaziergang gut: Geh hinaus in die freie Natur, lehne dich an einen Baum, sieh einem kleinen Bach zu, pflanze ein paar Blumen im Garten. Spüre, dass du jetzt hier bist. Das alles da und ganz real ist. Wenn du zu einem der Aspekte keinen unmittelbaren Zugang hattest, dann suche zu dem entsprechenden Element in dieser Zeit besonders intensiv Kontakt. Prüfe mit der Technik der Glaubenssätze, welche „Urteile“ du mit dem entsprechenden Element assoziiert hast.

12.2 Der Schritt nach „Ich bin"

Die innere Kraft, die mit der empfundenen, differenzierten Wahrnehmung deiner Eigenheit frei wird, erschließt dir eine erweiterte und intensive Begegnung mit der Wirklichkeit. Ein in dieser Art gelebtes „Ich bin" lässt die bisher wahrgenommenen Einschränkungen auf Kieselsteingröße schrumpfen, während du mit beherztem Blick und Schritt erfährst, wer du bist.

Es geht nicht mehr darum, was dir im Wege steht oder was du dir (vergeblich) wünscht. Es geht darum, die Fülle und Schönheit dessen, der/die du bist, zu erleben. – Damit hat deine Wirklichkeit einen neuen, in dir selbst verankerten Maßstab gewonnen. Einen natürlich sich wandelnden, durch dich selbst gegebenen, lebendigen Maßstab.

Im Eifer des Erlebens kann es aber dennoch passieren, dass dein Blick wieder in die alte, leblose Position rutscht. Für solche Situationen ist es sehr hilfreich, die Eindrücke deiner Traumreise so konkret und plastisch werden zu lassen, dass es dir jederzeit möglich ist, dich absichtsvoll von neuem an dir selbst auszurichten. Gib den Kräften und Idealen, die in dir vereint sind, Gestalt und Namen. Lass diese Eindrücke unauslöschlich lebendig sein.

Übung 18: Ich bin

Mach dir im Geiste – oder als gemaltes Bild, als Melodie oder einen anderen Sinneseindruck – jede dieser Persönlichkeiten deutlich: die, die das Feuer trägt, die, die den Wind trägt, die, die die Erde trägt, die, die den Stein trägt und die das Wasser trägt. Befreie deine Persönlichkeiten von ihrer Rollenfunktion – betrachte sie frei von Zwecken oder Beziehungen im Außen.

Finde Namen für diese Persönlichkeiten (Kämpfer/in, Mädchen/Junge, Zauberer/Hexe, Fee/Weltenwanderer, Forscher/in, Vater/Mutter, Heiler/in, Seher/in, Gefangene/r, Führer/in ...). Sei kreativ und mutig: Wähle Bezeichnungen oder Namen, die der Gesamtheit der Fähigkeiten, der Erscheinung und den Qualitäten dieser inneren Persönlichkeit Ausdruck verleihen. Es müssen nicht zwingend menschliche Bezeichnungen sein.

Tipps: Du erkennst den Unterschied zwischen eigenen visionären Bildern und Klischees, an die du dich gewöhnt hast, an deinem Gefühl: Wenn du vor deinem inneren Auge eine echte Vision hast, scheint dein Herz über deine physischen Grenzen hinauszuwachsen. – Verwende zur Beschreibung der Visionen ruhig auch Begriffe, Situationen, Tätigkeiten, von denen du glaubst, dass „es so etwas gar nicht gibt“. Lasse deiner Phantasie freien Lauf. – Schreibe wirklich alle Bilder auf, die dir in den Sinn kommen. Stelle mit Hilfe der bildlichen Ausschmückung auch möglichst ausführlich die Gefühle dar, die du in der jeweiligen Vision wahrnimmst. Betrachte jeden deiner inneren Aspekte, indem du dich visionär wahrnimmst, als eigene Persönlichkeit. – Prüfe Überschneidungen und fasse sie gegebenenfalls zusammen.

Sprich die jeweiligen Persönlichkeiten mit mindestens fünf Adjektiven im Rahmen des Satzes: „Ich bin ...“ an. Nenne für jede

- ➜ *das Leitideal:* Das „Leitideal“ einer Entität besteht in ihrem Daseins-Ziel. Es ist ein Zustand, auf den die ganze Kraft dieses Wesens zustrebt, zum Beispiel: „Wahrhaftigkeit“.
- ➜ *den Hauptverbündeten:* Der Hauptverbündete einer Entität ist ein Umstand, eine Person oder eine Wirkung, die das Wesen bei der Erfüllung seines Weges unterstützt.
- ➜ *den Widersacher:* Der Widersacher ist die Herausforderung, die dich zunächst in Schwierigkeiten bringt – keineswegs ein Feind! Von der Qualität ebenso wie der Verbündete ein Umstand oder eine Person, die den konzentrierten, vollständigen Einsatz aller Fähigkeiten des Wesens herausfordert und es somit seine ganze Kraft erfahren lässt. Die Chance zu wachsen liegt in der absichtsvollen Begegnung mit den Widersachern.

Prüfe: Ist jede „visionäre Persönlichkeit“ vollständig? Hat sie eine Erscheinungsform, prägnante Charakteristika, Aufgaben, Fähigkeiten, einen Wirkkreis? Keine der Visionen ist nur eine Variation einer anderen? Gut. – Sieh sie alle noch einmal an – das bist du! Jede deiner Visionen repräsentiert einen wichtigen Teil deiner Persönlichkeit, der danach verlangt, entfaltet und realisiert zu werden.

Diese inneren Werte und Eigenschaften und die Kraft, die mit ihnen verbunden ist, erlauben dir, dich unabhängig, von äußeren Maßstäben frei, authentisch und kraftvoll zu entscheiden. In jeder Situation. Jederzeit.

Übung 19: Interferenz und Koalition der visionären Persönlichkeiten

Damit deine persönlichen Aspekte dir ihr ganzes Potenzial zur Verfügung stellen können (und wollen), muss jedem von ihnen ein angemessener Raum zur Verfügung stehen. Dominiert einer der Aspekte oder wird ein Aspekt als „ungewollt“ verdrängt, bedeutet das für dich als Ganzheit und Wesen, dass dir Potenzial und Klarsicht verloren gehen. Du bist Träger und Nutznießer all deiner Aspekte und damit zuständig für deren optimale Aufstellung. Das bedeutet, deine Aussichten auf ein harmonisches, erfülltes Leben hängen auch davon ab, wie gut es dir gelingt, die dir innewohnenden Eigenschaften, Fähigkeiten, Neigungen miteinander wirken zu lassen.

Um dir ein Bild davon zu machen, wie deine inneren Persönlichkeiten zueinander stehen, ob sie sich gegenseitig unterstützen oder sabotieren, gibt es die beiden folgenden Möglichkeiten:

Erstens: Sieh dir die visionären Persönlichkeiten an und organisiere ein imaginäres Treffen. Lasse alle fünf Persönlichkeiten, wie du sie in der Übung „Ich bin" erfasst hast, miteinander agieren. Nimm aufmerksam wahr, was passiert und wie sie miteinander umgehen.

Tipps: Beobachte das Zusammenspiel insbesondere in Bezug auf Gleichberechtigung und gegenseitigen Respekt unter den visionären Persönlichkeiten. Nimm unausgeglichene Beziehungen und lasse die beiden „einen Tag miteinander verbringen". Das bedeutet: Beobachte dich selbst einen Tag lang in Bezug auf die Eigenschaften deiner inneren Persönlichkeiten. Was geschieht?

Beispiel: In deinem imaginierten Treffen stellst du fest, dass die „Alte Weise" – deine innere Steinfrau – ein strenges Regime führt. Sie versorgt dich mit der nötigen Disziplin und Rationalität, die du bisher gebraucht hast, um dein Leben „im Griff" zu haben. Durch die Dominanz des metallischen Wesenszuges in dir ist zum einen deine Wind/Holz-Persönlichkeit, die dich leicht macht, inspiriert und für Freude und mentales Wachstum sorgt, enorm unterdrückt. Zum anderen lodert dein Feuer „wie wild" – in gelegentlichen, heftigen Ausbrüchen, um der „eisernen Hand" deiner Steinfrau wenigstens hin und wieder Einhalt zu gebieten. – Die Aufgabe besteht nun darin, die sehr materiell und rational orientierte Steinenergie zu öffnen für die bereichernden Qualitäten deiner Wind-/Holzenergie. Wertschätzung ist erforderlich, um diesen geschwächten Aspekt in dir aus dem Schatten zu holen und ihn zu ermutigen, seine Kraft wieder ganz einzubringen. Durch die Beschäftigung mit dieser Konstellation und die Beobachtung der Widerstände oder Befürchtungen, die aufkommen, wenn du diese beiden Aspekte einander gegenüberstellst, wird bei dir als „Manager" dieser Entitäten bereits ein Harmonisierungsprozess einsetzen.

Die *zweite* Möglichkeit, an deine Interferenz-Betrachtung heranzugehen, führt dich über deine Persönlichkeiten aus der Übung „Ich bin". Beobachte sachlich und aus der Distanz des „Managers", wie viel Raum die Fünf Wandlungsphasen in deinem Leben einnehmen: In welchen Situationen regiert das Feuer? In welchen das Metall? Gibt es eine Qualität, die du lieber im Verborgenen hältst oder die dich gar an anderen sehr befremdet?

Du kannst auf diese Weise ebenso Klarheit über deine innere Aufstellung und Harmonie gewinnen wie in der imaginierten Form. Experimentiere!

Tipp: Gerade, wenn du zu einem bestimmten Element keinen so guten Zugang hast, besteht die Möglichkeit, dass dir „geschwächte" Aspekte deiner Persönlichkeit nicht veränderungswürdig erscheinen – wenn du ihre Schwächung überhaupt wahrnimmst. – Um nicht in diese Falle zu tappen, setze besonderes Augenmerk auf das Element, zu dem du am wenigsten Zugang zu haben scheinst. Wenn du es in dir und deinem alltäglichen Leben nicht deutlich ausmachen kannst, beobachte es bei deinen Mitmenschen. Mit der Zeit wirst du einen Blick für diese Qualität bekommen und sie auch bei dir wahrnehmen und fördern können.

13. Das Tun am Sein ausrichten

13.1 Ausdruck des Seins: Geliebtes Tun

Wenn dir in den vergangenen Etappen ein gutes Stück weit bewusster geworden ist, was dich im Innersten ausmacht, woraus du Freude schöpfst, was dich anzieht und welche Qualitäten dir zu Eigen sind, wird es dir auch leichter fallen, die angeblichen „schlechten Eigenschaften" konstruktiv zu integrieren.

Wie steht es mit deinem ersten Kreis? Hat sich an deiner Selbstwahrnehmung etwas verändert? Interessant ist ja auch, dass das ganze Feld deiner Erfahrung sich verändert, wenn dein Zugang zu deinem eigenen Wesen sich öffnet: Was du wahrnimmst, ist ja immer verbunden mit deiner Selbstwahrnehmung. Wie haben sich in der letzten Zeit deine Erfahrungen im zweiten, dritten und vierten Kreis verändert? Was ist derzeit auffällig an den Menschen, die dich umgeben? Und an deiner Beziehung zu ihnen?

Je bewusster du dir deiner ganzheitlichen Wesensstruktur wirst, desto stärker wird dein Sein auch ins Tun streben: Deine Kräfte wollen sich zum Ausdruck bringen, wollen wirken und sich im dritten Kreis erfahren.

Du hast jetzt die Chance, angesichts deiner vervollständigten Sicht auf deine Neigungen, deine Vision(en) und Fähigkeiten, auch deiner Berufung auf die Spur zu kommen. Dabei dienen die fünf Persönlichkeiten als Maßstab für ein Tun, das authentisch und ganzheitlich ist. – Als Mensch mit diesen Eigenschaften gibt es für dich eine Reihe von Ausdrucksformen, die deiner Berufung entsprechen. Entdecke zwei, drei Lebenswege, die dir authentische Entfaltung eröffnen.

Hierzu braucht es ein wenig Inspiration über die Inhalte deines künftigen Tuns. Welche Tätigkeiten erlauben dir, voll in deiner Kraft zu stehen und zu bleiben?

Übung 20: Was ich zu tun liebe

Diese Übung vertieft und systematisiert deine Präferenz, dein Wirken künftig ausschließlich auf Tätigkeiten zu richten, die du mit „Was ich zu tun liebe“ definiert hast. – Bilde ein klares und konkretes Bewusstsein über Umstände und Inhalte, in denen du dein ganzes Potenzial entfaltest.

Besorge dir drei Typen von Kärtchen: eine Farbe für die „Momentaufnahmen“ (MA-Karten; etwa 10 bis 20 Stück), eine Farbe für die „Essenzen“ (E-Karten; etwa 7 bis 12 Stück) und eine weitere Farbe für die „Varianzkarten“ (V-Karten; etwa 15 bis 25 Stück).

Das Finden der Momentaufnahmen

Erinnere dich an Erlebnisse, in denen du durch und durch glücklich warst. Betrachte die ganze Szenerie eingehend und „filtere“ genau den Moment, in dem dein Glücksgefühl sich ganz ausgedrückt hat. Mache eine „Momentaufnahme“ von genau diesem „Punkt“ mit all seinen Details: Was du gerade tust, wie du es tust, was oder wer dich umgibt ...

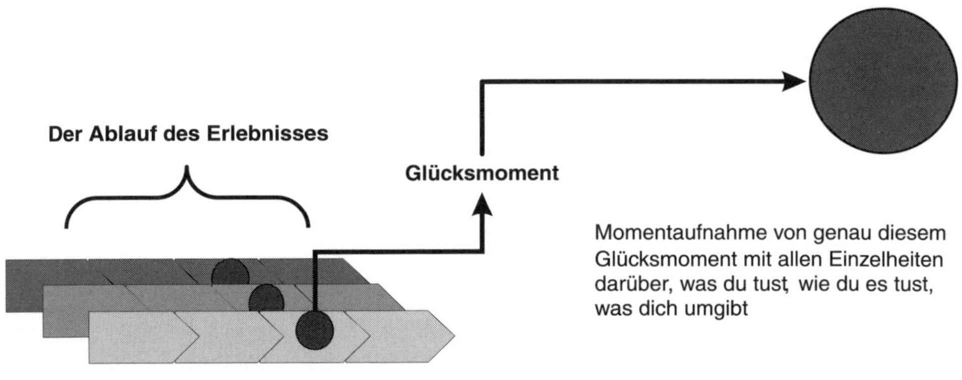

Tipp: Du kannst das Geliebte Tun auch in deinen Träumen, in der Zukunft oder im Leben anderer Menschen erfahren. Sicherlich gibt es in deiner Phantasie Situationen, die du schon lange einmal erleben wolltest. Auch sie sind Momentaufnahmen, die hier einfließen sollen. – Achte in allen Fällen jedoch darauf, dass du tatsächlich im Tun bist – dass du also einen Aspekt, der du bist, aktiv zum Ausdruck bringst.

Benenne das Geliebte Tun sehr konkret und werde dir der Faktoren bewusst, die „dazugehören“. Es geht darum, die Aspekte in deinem 3. Kreis (Mein Erleben im Wirken) zu sammeln, die dir Kraft geben.

Beispiel: Wenn auf deinem Zettel „Malen“ steht, ist das noch wenig aussagekräftig. Werde konkreter: Malst du gerne Bilder? Oder bemalst du bestimmte Dinge? Mit welchem Material arbeitest du gerne? Gibt es besondere Motive oder Stimmungen, die dich inspirieren?

Und weiter: Gibt es bestimmte Umstände, die dieses Tun für dich erst so richtig intensiv werden lassen? Allein oder mit anderen? Drinnen oder draußen? Malen aus der Stimmung heraus oder bewusst?

Sieh genau hin: Du hast das Geliebte Tun dann mit all seinen Faktoren gegriffen, wenn du dich in einem Zustand der selbstvergessenen Hingabe wiederfindest. Es geht übrigens nicht darum, wie du oder andere das Ergebnis deines Tuns bewerten! Es geht einzig um diesen Zustand selbstvergessener Hingabe, in den dich dieses Geliebte Tun transportiert.

Momentaufnahme: In welcher Situation war ich erfüllt (im Tun)?

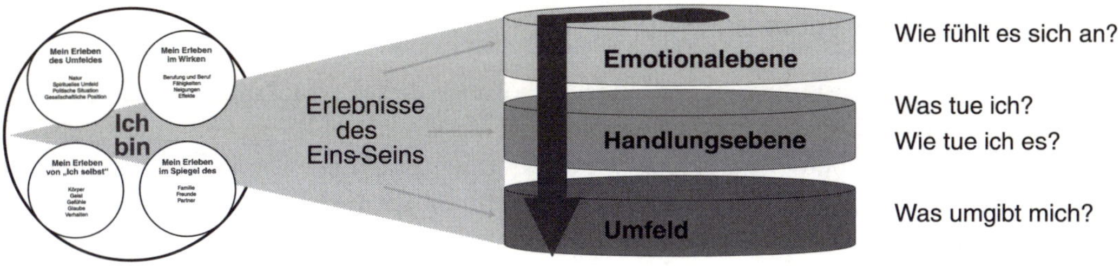

Schreibe Momentaufnahmen auf deine MA-Kärtchen.

Das Finden der Essenzen

Betrachte die Momentaufnahme: Was ist die Essenz dessen, was dein Herz dazu ermuntert, sich so vollständig zu öffnen? Es gibt in diesem Moment eine ganz bestimmte Konstellation von Umständen, die die Situation für dich zu etwas Besonderem macht. Und das ist von der tatsächlichen Situation unabhängig – könnte sich also an anderem Ort, zu anderer Zeit ebenso intensiv wiederfinden.

Beispiel: Die Situation, an die du dich erinnert hast, lässt dich eine Szene wiedererleben, in der du alleine auf deinem Motorrad durch die Schweizer Alpen fährst. – Die

Momentaufnahme des Augenblicks, in dem dein Herz ganz „aufgeht", lässt dich die Geschwindigkeit, in der du dich fortbewegst (oder besser: fortbewegen lässt), spüren, dein Griff am Gashebel, der Wind um deinen Körper, der Duft frisch gemähter Wiesen, der Duft des Waldbodens und ein Hauch deines eigenen Schweißes. Bilder wunderschöner Landschaft „schweben" an dir vorbei. Ein unendliches Gefühl der Kraft und der Freiheit. – Die Essenz einer solchen Karte könnte aus folgenden Komponenten bestehen:

- ➜ schnelle Fortbewegung,
- ➜ du kannst die Geschwindigkeit bestimmen,
- ➜ wilde Natur um dich herum,
- ➜ du bist allein.

Was genau diese Komponenten ausmacht, was für sich – als eigene Essenz – stehen kann und was zwingend „zusammengehört", um dieses Moment auszulösen, kannst letztendlich nur du beurteilen. – Wenn du alle Komponenten erfasst hast, schreibe die Essenz dieser Augenblick auf die E-Kärtchen. Wiederhole das für mindestens fünf weitere Erlebnisse.

Das Finden der Varianten

Die Essenz ist Basis für viele verschiedene Formen, diesen Glücksmoment zu reproduzieren. Leite aus je einer Essenzkarte mehrere Varianten des Wirkens und Seins ab, die alle die Eigenschaften enthalten, die dieses Erlebnis damals für dich so wertvoll gemacht hat. Du kannst auch Varianten kreieren, die du noch nicht erlebt hast, von denen du aber schon lange träumst.

Beispiel: Nehmen wird die Motorrad-Situation und die aus ihr abgeleitete Essenz wieder als Ausgangspunkt. Es gilt jetzt also, andere Situationen zu erschaffen, die diese essenziellen Komponenten auch beinhalten. Das könnte beispielsweise sein:

- ➜ über Stoppelfelder reiten,
- ➜ Touren mit dem Fahrrad,
- ➜ im Cabriolet über Land fahren.

Schreibe die Varianten, die dir einfallen, auf die V-Kärtchen und vermerke, aus welcher Essenzkarte die jeweilige Varianz stammt.

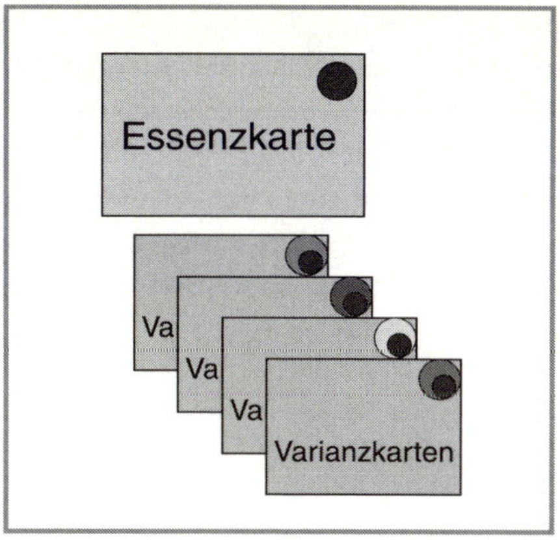

Tipps: Formuliere die Varianzkarten in Ich-Form und der Gegenwart, zum Beispiel: „Ich reite im Galopp auf meinem eigenen Pferd über weite Stoppelfelder." – Achte auf sehr konkrete Formulierungen – eine Varianzkarte, auf der steht: „Ich bin verbunden mit dem Sein" gibt viel zu wenig Handlungsimpuls. Sieh genau hin: Wie sieht die Situation im Detail aus, die dir das Gefühl der Verbundenheit vermittelt? Sitzt du? Malst du? Unterhältst du dich? Bist du drinnen oder draußen? An einem Bach? Auf einer Wiese? ...

Finde je Essenzkarte wenigstens drei Varianzkarten. Sie sind einzelne Gesichter deines Lebens. – Diese Karten werden die Basis grundlegender Entscheidungen für deinen weiteren Lebensweg sein. Aus ihnen wirst du im Abschnitt „Traumfeld" echte Alternativen für deine authentische Lebensgestaltung finden, die du letztlich einer Entscheidung und danach ihrer Verwirklichung zuführen wirst. – Nimm dir also reichlich Zeit und gehe mit großer Sorgfalt und Achtsamkeit vor. Vielleicht vertieft sich deine Ausrichtung, wenn du in den kommenden Wochen noch ein wenig experimentierst und forschst mit den Effekten des Geliebten Tuns:

Plane nun für die nächsten Wochen deine Abläufe und Verabredungen so, dass du wenigstens zwei-, dreimal je Woche absichtsvoll in den Zustand der selbstvergessenen Hingabe im Geliebten Tun eintauchst. – Forsche bei jedem neuen Experiment:

- ➜ Gibt es dir Kraft?
- ➜ Hast du es bereits in verschiedenen Zusammenhängen erfahren?
- ➜ Wertschätzt du es?
- ➜ Gehört es zwingend mit einem anderen Geliebten Tun zusammen?
- ➜ Scheint es ein anderes Geliebtes Tun auszuschließen?

Dir wird in diesen Wochen erstaunlich viel Energie und Freude zur Verfügung stehen ... obwohl du doch noch etwas zu erledigen hast ... Genieße es. Und dehne den Zeitrahmen für dieses Experiment ruhig aus ...

Diese Übung schließt nun das Forschen ab, indem du dich mit dem Ausdruck deiner inneren Aspekte in deinem Kreis der Wahrnehmung befasst. Du hast eine Menge Hinweise und Techniken dafür bekommen, diesen Ausdruck deiner Selbst absichtsvoll zu gestalten. ... Damit ist die Zeit – oder deine innere Bereitschaft – gekommen, die Quelle deines Ausdrucks und Wahrnehmens zu erkunden. Rekapituliere jetzt, was in deinem Empowerment bis jetzt offenbar wurde und sich gewandelt hat, bevor du im Folgeabschnitt tief greifende Konsequenzen ziehst. Betrachte vorher noch einmal, was du bis hierhin entdeckt und erfahren hast:

Übung 21: Logbuch Check 1

Bringe das bisher Erfahrene nun in Zusammenhang, indem du deine Schlüsselerfahrungen bewertungsfrei darstellst, deine Glaubenssätze als bewusste Wahl lebst und in dem, was du zu tun liebst, die Ganzheit deines Wesens widerspiegelst. Du vervollständigst damit die Übungen, die noch nicht ganz „rund" sind, und gewinnst einen Überblick.

Logbuch

Führe den „Situationsbericht" aus dem ersten Abschnitt skizzenhaft jetzt noch einmal durch. Vergleiche deine Aufzeichnungen von damals mit denen von heute: Was hast du seit Beginn des Empowerments entdeckt, verändert, was ist passiert?

Vertiefung & Verbindung

Du solltest bis jetzt Folgendes verstehen, gelernt haben, anwenden:

- Deine Fähigkeiten & Träume sind dein Schatz – kennst du seinen Wert? (Abschnitt 8)
- Die Vier Kreise des Hier & Jetzt – die Wirklichkeit aus deinem Wesen (Übung 11)
- Ich bin – Ganz-Sein spüren in Bezugnahme auf die Fünf Wandlungsphasen (Übung 18)
- Gestalte deine Wirklichkeit absichtsvoll durch die bewusste Wahl deiner Glaubenssätze (Übung 13)
- Was ich zu tun liebe – meine Basis (Übung 20)

Um deine Ergebnisse und die „Säulen deiner Wirklichkeit" klar und vollständig vor dir zu haben, lege bitte fünf Blätter an mit folgendem Aufbau und Inhalt:

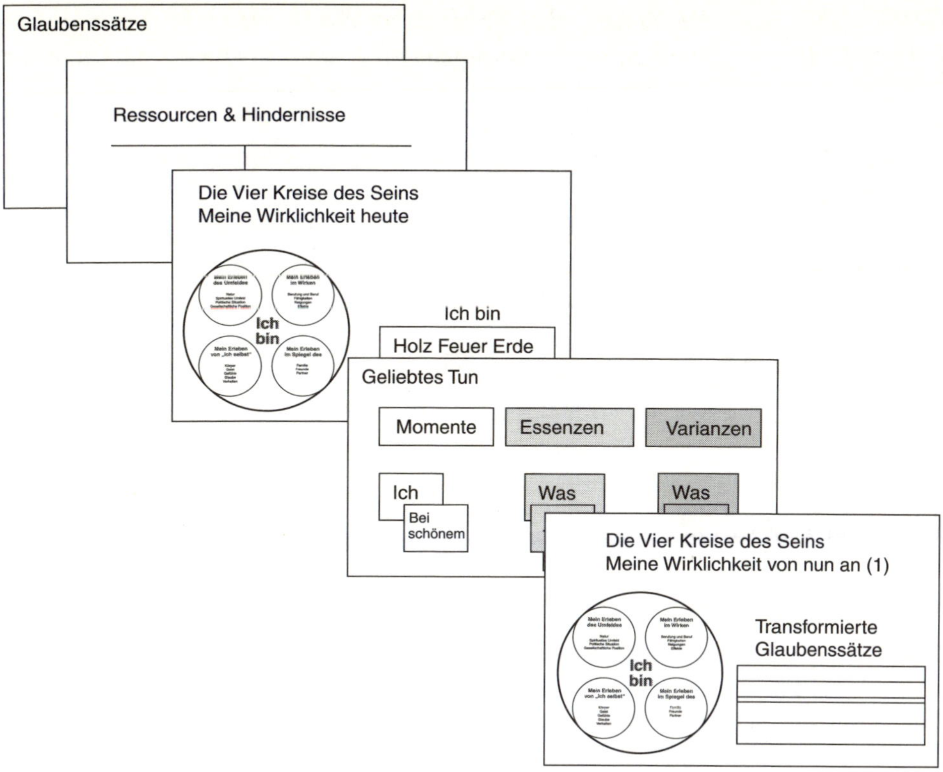

Bevor du weiterarbeitest, überprüfe deine Ergebnisse noch einmal:

1. Hinsichtlich deiner Glaubenssätze und des daraus entstehenden Wirklichkeitsraumes

- ➜ Wo fehlt in der Darstellung deiner Vier Kreise Zugang/Empfinden/Raum?
- ➜ Liste die Hindernisse auf.
- ➜ Überprüfe die weiterhin wahrgenommenen Hindernisse auf verborgene Glaubenssätze und verfahre wie bekannt auch mit diesen. Ergänze entsprechend deine Glaubenssatzliste.
- ➜ Beschreibe deine Vier Kreise mit Blick in die Zukunft: Wie willst du sie gewichten, ausgestalten und erleben?

2. Hinsichtlich deiner erweiterten Selbstwahrnehmung (Ich bin)

- ➜ Zu „Ich bin“ in Assoziation mit den Fünf Elementen: Hast du all deine Rollen bisher dargestellt? Das kannst du am einfachsten über die „Funktionen“, die du für dich und dein Umfeld erfüllst, überprüfen. Aus welchen Elementen nähren sie sich vorrangig? Halte deine Ergebnisse in Tabellenform fest.
- ➜ Sind dir nun all deine inneren Aspekte in ihrer ganzen Ausprägung, mit ihren Visionen, Idealen, Eigenschaften, besonderen Fähigkeiten, Erscheinungsformen vertraut?

3. Hinsichtlich deines Fundaments für eine erweiterte Wirklichkeit

- ➜ Hast du die alten Glaubenssätze zusammengetragen, verabschiedet oder transformiert?
- ➜ Hast du dich erinnert an freudvolle Erlebnisse deines Wirkens? Ist die Darstellung all der Dinge, für die du sagen kannst: „Was ich zu tun liebe“, vollständig? Nimm sie mit in dein Kartenspiel.

Wenn du noch unsicher bist an manchen Stellen, geh zurück zu der jeweiligen Übung. Nimm dir die Zeit, verinnerliche die Erfahrungen, die du in diesem Rahmen nochmals suchst und ergänze dein Logbuch entsprechend.

So, jetzt ist es so weit: Tauche nun ein in dein Traumfeld ...

13.2 Dein Traumfeld

Frei und mit geklärter Absicht geht es nun endlich um das Spiel und die Freude des Lebens: Du bist aufgefordert und befähigt, aus dem reichen Schatz deiner Potenziale, Interessen und Fähigkeiten eine Vision von deinem Leben, seinen Bereichen, Farben und Formen zu gestalten.

Das Traumfeld ist bei den meisten Menschen an bestimmten Stellen verletzt oder sehr weit aus der Wahrnehmung des „Wirklichen“ abgedriftet. Dieser Teil des Empowerment-Prozesses gibt dir viele Techniken und Herangehensweisen, dein GESAMTES Feld zu erfassen. Das mag dich manchmal in großen Widerstand bringen – vielleicht, weil du bestimmte Aspekte in dir immer noch (ablehnend) bewertest oder ihnen sogar die Existenz zu entziehen versuchst, indem du sie als nicht real(istisch) abtust. Bedenke: Wenn es nur eine leise Idee von etwas in dieser Welt gibt, dann IST ES existent! Erlaube dir, ganz in Erscheinung zu treten. Unterbrich die Übungen dieses Abschnitts, wenn du nicht weiterkommst oder zu viel „ins Rollen“ kommt – und nimm die Arbeit an der gleichen Stelle erst dann wieder auf, wenn du Klarheit wiedergewonnen hast. Übergehe oder haste keinesfalls!

Dein Traumfeld ist der Raum, der dir zur Verfügung steht, um dein Leben zu gestalten. Er enthält alle Möglichkeiten, alle Fähigkeiten, Begegnungen, Begebenheiten und Ideale, die dich als Wesen ausmachen. – Du hast bereits einige Komponenten dieses Raumes geklärt und für dich fassbar gemacht:

1. Aus der Übung „Ich bin“ kennst du deine fünf visionären Persönlichkeiten, die ihre Qualitäten in den Raum geben. Gleichzeitig wachen sie bei den entstehenden Bildern

über ihre ganz spezielle Vision und ihr Leitideal. Um Wachstum zu ermöglichen, gilt es, auch die „Widersacher" als Herausforderung sichtbar zu machen.

2. Aus den Übungen aus „Was ich zu tun liebe" hast du den Stoff, aus dem deine Träume sind, in dein Bewusstsein geholt. Insbesondere die Essenzen spiegeln wichtige Ausdrucksformen deines Wesens, wenn du aus dem Sein ins Tun kommst. Es ging in dieser Übung erst einmal nur um Inhalte – also WAS ist zu tun, zu leben, zu verwirklichen. Die FORM ist jetzt noch nicht relevant (ob mit anderen oder allein, ob auf dem Land oder nicht, ob selbständig oder angestellt etc.). Überprüfe deine roten Kärtchen noch einmal daraufhin: Sind sie rein inhaltlicher Natur? Wenn nicht, schreibe sie entsprechend um und sammle die formalen Aspekte auf einem gesonderten Blatt Papier. Du wirst dies später brauchen.

3. Aus „Was mir wirklich wichtig ist": Der gemeinsame Kern ist das, was dir wirklich wichtig ist. Dein Lebensideal das, wofür du hier bist und wofür du dein Potenzial einsetzen willst. Schreibe dies in die Mitte deines Traumkreises. Nimm dein Ideal intensiv in dir auf. Richte all deine Aufmerksamkeit darauf und meditiere über diesen Kern, bevor du ein Traumbild kreierst.

Befragst du deine inneren Persönlichkeiten danach, was sie leben wollen, wie sie leben wollen und womit sie sich befassen, dann erhältst du ein (nahezu) unerschöpfliches Potenzial an Wegen und konkreten Möglichkeiten, deinem Wesenskern in dir angemessener Form Ausdruck zu verleihen. Du bist aufgefordert, absichtsvoll zu wählen. Dann bist du empowered. Dies letztlich noch in einer sinn- und freudvollen Weise anzuordnen, zu planen, zu organisieren und in dein alltägliches Leben zu integrieren, ist dann ein Kinderspiel (fast!).

Befragst du deine inneren Persönlichkeiten nach ihren Idealen, nach dem, WAS IHNEN WIRKLICH WICHTIG IST, dann wird die Antwort die immer gleiche sein – in fünf verschiedenen Ausprägungen: Es ist das, WAS DIR WIRKLICH WICHTIG IST. Das ist der Kern deiner Lebensessenz: das, WAS DIR WIRKLICH WICHTIG IST.

Es geht hier nicht um Ziele oder kurz- und mittelfristige Wünsche, sondern es geht um den Kern deines Glaubens, deine innersten Werte. Es geht jetzt darum, dass du einen Blick wirfst auf einige Lebenswege, die dir den authentischen Ausdruck deines Wesens ermöglichen können.

Es ist eine der wichtigsten Aufgaben im Empowerment-Prozess, dir ganz klar darüber zu sein, worin diese Fähigkeiten und Ziele bestehen, um sie dann in dir als Gesamtheit zusammenzufügen und in ein ganzheitliches, erfülltes Leben zu führen.

Übung 22: Was dir wirklich wichtig ist

Es ist kein Zufall, dass so unterschiedliche Persönlichkeitsaspekte in einem einzigen Menschen, in dir, vereint sind. Die fünf Entitäten, die du in dir (wieder-)entdeckt hast, verbindet etwas, das du als nichts anderes betrachten darfst als dein höchstes Ideal. ... Mache es dir jetzt bewusst.

Stell dir vor, du würdest von einer höchsten Instanz gefragt, worin für dich der ultimative Grund liegt, auf die Welt zu kommen und dieses Leben anzunehmen. Wofür lebst du? Woran hältst du fest auch in deinen schwersten, traurigsten Momenten? – Dieses Ideal ist unabhängig vom Geschehen deines alltäglichen Lebens und auch von willentlich gesetzten Zielen.

Tipp: Diese Fragestellung hat manchen Philosophen lebenslänglich beschäftigt. Aber oft nur aus dem Grunde, dass er einerseits versuchte, eine allgemeingültige Formel zu finden, und andererseits hat er darüber nachgedacht – mit allen Komplikationen, die die Erfahrung, Denkmuster und die Annahme von objektiven Kausalitäten mit sich bringen. – Mach es dir leicht: Gehe allein von dir aus und fühle mehr, als dass du denkst. Hilfreich ist es auch, deine fünf inneren Persönlichkeitsaspekte nach ihrem Leitideal zu befragen. Es ist mit dem, WAS DIR WIRKLICH WICHHTIG IST, verbunden. Auch deine transformierten Glaubenssätze enthalten an ihrem Ursprung dieses Ideal mit hoher Wahrscheinlichkeit. ... Wenn du gar nicht weiterkommst, dann besinne dich einfach auf die Liebe. Auf die mitfühlende, allumfassende Liebe, die du ganz bestimmt schon erfahren und empfunden hast.

Übung 23: Die Ausprägung deines Traumfeldes – Träume werden konkret

Nun geht es an das Formulieren echter und konkreter Alternativen für eine Neugestaltung deines Lebens oder des Lebensabschnittes, den du dir für diesen Empowerment-Prozess vorgenommen hast. Die Basis für dieses Experiment sind deine Varianzkarten aus Übung 20. Sie werden dir wie ein Farbkasten Assoziationen und Kombinationen bereitstellen, aus denen du mehrere alternative Lebenswege sich entwickeln lässt.

Es ist wichtig, dass du nicht nur ein Bild deines Lebensweges malst, sondern wenigstens zwei, besser drei. Denn letztlich sollst du eine Ent-Scheidung herbeiführen in dem Bewusstsein, dass du aus einer Vielzahl anziehender Möglichkeiten wählst. Dieser Wahlakt zwingt dich zum einen, dir deine Auswahlkriterien eindeutig klarzumachen: In bestimmten Phasen deines kommenden Weges wirst du dankbar dafür sein zu wissen, was die Grundlage deiner Wahl war. Außerdem wird durch den Akt der Ent-Scheidung eine sehr wirkungsvolle Kraftbündelung und -ausrichtung herbeigeführt, die dir einen wohltuenden Vorwärtsschub geben wird, wenn es an die Umsetzung geht. Bereite deine Wahlmöglichkeiten also mit großer Sorgfalt vor.

Du hast jetzt zwei Möglichkeiten, neue Bereiche deines Lebens in deinem Traumfeld zu erschaffen. Eine intuitive und eine von deinem Willen kontrollierte. Bei der ersten Variante machen wir uns die Kräfte zunutze, die auch beim Tarot oder bei der Verwendung des „I Ching“ wirksam sind und uns – immer wieder überraschend – mit absoluter Treffsicherheit die passenden Antworten geben. Wenn dir diese Vorgehensweise fremd ist und du lieber mit deinem Verstand arbeiten willst, arbeite mit der zweiten Variante. Wähle die Variante, in der du dich wohler fühlst:

Für beide Fragen ist es wichtig, dass du vorab den Lebensbereich, den du mit diesem Vorgang gestalten willst, noch einmal ganz klar bezeichnest.

Variante 1: Der spielerische, intuitive Weg – Finde intuitiv (durch Ziehen) kombinierte Wirkbilder

Mische die Varianzkarten aus Übung 20, lege sie ungeordnet und verdeckt vor dich und konzentriere dich auf dein Zentrum, auf das, was dir wirklich wichtig ist. Ziehe nun vier oder fünf der verdeckten Kärtchen. Notiere dir die Inhalte der Kärtchen auf ein Blatt Papier, suche die Essenzen heraus, aus denen du die Varianten gebildet hast, und schreibe auch sie auf das Blatt. – Wiederhole diese Übung noch zweimal, so dass du drei Wirkbilder hast. Jedes Wirkbild stellt den Sockel für eine echte und konkrete Alternative für eine Neugestaltung deines Lebens dar. Die Ausprägung und Verdichtung des Bildes wird einige Tage oder Wochen dauern.

Variante 2: Der planvolle, pragmatische Weg

Ordne unter der Kontrolle deiner Vernunft und bezogen auf die eingangs formulierte Frage (der Lebensbereich, um den es bei diesem Vorgang gehen soll) aus den Varianzkärtchen ein Bild.

Lege vier bis fünf Kärtchen so zusammen, dass sich ein Wirkbild ergibt, d.h. eine Form, in der du geliebte Situationen und Aktivitäten schlüssig zu einer Einheit verbunden hast. Diese Einheit sollte eine echte und vollständige Antwort auf deine Grundsatzfrage sein. Sie sollte dir ein Zielbild geben in dem Lebensbereich, den du mit dem Empowerment-Prozess neu gestalten willst. Schreibe das Wirkbild in einem Fließtext auf. – Mische die verwendeten Kärtchen wieder unter die anderen und wiederhole den Vorgang noch zweimal.

Für beide Varianten gilt: Die gefundenen Kombinationen an Kärtchen sind der „Urkeim“ für einen der Lebenswege, die du in diesem Vorgang entdecken wirst. Sie zeigen dir Elemente, die diesen Weg wesentlich prägen. Aus ihnen wird schrittweise ein neues, ganzheitliches und authentisches Bild eines der drei Lebenswege entstehen, aus denen du abschließend wählst.

Jetzt sind die Samen in deinem Unterbewusstsein gesetzt. Die Wirkbilder existieren nun als wählbare Wege für dich und müssen „gären".

Während der vier- bis sechswöchigen Gärzeit lege bitte für jede „Skizze" einen eigenen Bogen Papier an, auf dem die Inhalte der jeweils gezogenen Varianzkärtchen und der zugrunde liegenden Essenzkarten stehen.

Prüfe während der Gärzeit mit Hilfe deiner inneren Persönlichkeitsaspekte, ob jede Facette deines Wesens Raum und Ausdruck in deinem Wirkbild findet. Führe das für jedes Wirkbild durch und vermerke auf dem Bogen jedes Wirkbildes offene Fragen, Aspekte. Lass am Kopf des Bogens auch Platz für den Namen, den das Bild trägt. Er wird dir ebenso wie die noch fehlenden Aspekte im Verlaufe der Gärzeit klar werden.

	Check auf Ganzheit	(Überschrift für) Alternative 1
„Was ich zu tun liebe"	Welche Elemente des geliebten Tuns sind vorhanden?	Vermerke hier die Inhalte, die auf den gezogenen Varianz- und zugrunde liegenden Essenzkarten stehen.
Die Vier Kreise	Worin besteht das Tun? (Ausdruck deines Seins und deiner Berufung) Worin besteht das Wirken? (Beitrag zum Ganzen und Begegnung mit Du)	Beschreibe die Vier Kreise, wie sie sich bei der Verwirklichung dieser Alternative darstellen würden.
„Was mir wirklich wichtig ist"	Wie kannst du dem, WAS DIR WIRKLICH WICHTIG IST, dienen und Ausdruck verleihen?	
Präsenz der Widersacher	Wodurch findest du Wachstum?	
Ich bin (Leitbilder und Eigenschaften)	Worin ist dein ganz persönliches Feuer verwirklicht? Worin ist deine ganz persönliche Erdenergie verwirklicht? Worin ist deine ganz persönliche Stein-/Metallenergie verwirklicht? Worin ist deine ganz persönliche Wasserenergie verwirklicht? Worin ist deine ganz persönliche ätherische Energie verwirklicht?	Betrachte Leitideale und Ausdrucksformen deiner Entitäten und setze sie in Bezug zu dem Bild.

Lass jedes Blatt einige Wochen um dich sein und notiere deine Einfälle darauf. Notiere Assoziationen, Ideen, Ergänzungen, Varianten u.Ä., die dir zu dem intuitiv gestalteten Bild kommen. Insbesondere aber nutze die Zeit, um mögliche Ungleichgewichte der Beteiligung deiner inneren Persönlichkeiten sich ausgleichen zu lassen. Wenn du alle Aspekte berücksichtigt und einen Namen gefunden hast, nimm das nächste Bild. ... Lass die Bilder in dir wachsen, sprich erst mit anderen darüber, wenn sie vollständig sind.

Prüfe abschließend – sind die Alternativen gleichwertig? Das heißt
➜ frei von Missachtung,
➜ in gleichem Maße ausführlich beschrieben,
➜ den gesamten, vorab bezeichneten Lebensbereich umfassend.

Solltest du eine der Fragen nicht mit „Ja“ beantworten können, behebe den Mangel direkt oder nimm den Mangel mit in die „Gärzeit“.

Halte unbedingt die Ruhezeit und das Schweigen ein. Diese Bilder brauchen Zeit! Ruhezeit bedeutet auch, dass du in dieser Phase weder am Empowerment-Prozess weiterarbeitest noch, dass du wichtige Entscheidungen in deinem Alltagsleben triffst.

Einige Wochen später: Hallo! Schön dich wiederzusehen. Wie ist es gelaufen mit den Wirkbildern – sind sie vollständig jetzt und fühlen sich so an, dass du am liebsten gleich loslegen willst? – Ich hoffe doch, denn dann können wir jetzt zur Form, also zu dem „Wie“ und „in welchem Umfeld“ weitergehen.

Übung 24: Formfindung

Gib deinen Traumbildern nun erste Formen: Es geht um das „Wie“. Damit erschaffst du die Brücke zwischen Traum und Wirklichkeit.

Sieh dir deine Essenzkarten und die Formhinweise, die du zuletzt aus den Spielkarten extrahiert hast, noch einmal an: Hier stehen bereits einige Hinweise darauf, in welchem Umfeld du deine Wirkbilder realisieren willst. Werde dir jetzt ganz klar darüber, wie und in welchem Umfeld du deinen neuen Lebensabschnitt gestalten willst. Führe das für jede Alternative einzeln durch. Hier noch ein paar Anregungen zu formalen Aspekten, über die du dir Gedanken machen kannst:

Formale Aspekte (in welchem Umfeld, auf welche Art)
➜ Örtlichkeit
➜ Rhythmus/Zeit/Häufigkeit

- Zcithorizont: wie oft oder wie lange
- soziales Umfeld/Partner/Eigenständigkeit
- rechtliches Umfeld (z.B. bei Fragen zur Berufung Selbständigkeit/Honorararbeit/Anstellung)
- Größenordung
- Entwicklung
- Formvarianten, die sich aus den Inhalten ergeben

Tipp: An dieser Stelle hat es sich als sehr „reinigend" erwiesen, bezogen auf das bisher Formulierte, noch einmal die Übung Nr. 6 „Umwege" durchzuführen. – Wenn du dich mit dem „Wie" deines Weges also jetzt befasst, wähle den direkten Weg – auch wenn du dir dazu Zugänge erst erschließen musst. Setze anschließend den Prozess der Formfindung fort:

Aspekte zum Weg (wie komme ich dahin):
- Zeithorizont: bis wann und parallel wozu, wann oder wie lange
- Finanzierung
- Lehre/Wachstum (muss ich dazu etwas lernen, wie, wo, von wem erhalte ich das nötige Wissen?)
- Konsequenzen (was bedeutet es für mein derzeitiges Leben und die Menschen um mich herum?)

Ergänze je Alternative eine oder mehrere Formen (Art und Weise des Wirkens).

BEACHTE: Es ist erst dann Zeit für eine Ent-Scheidung, wenn für alle Bilder gleichermaßen detailliert Inhalte, Form und Weg recherchiert und beschrieben sind.

14. In bewusstem Willen handeln

Während unser Herz uns den Inhalt, die Richtung und die Qualität unseres Weges weist, ist unser Wille wie ein Pfeil, der unserem Handeln Fokus und Schubkraft gibt. – Es ist von entscheidender Wichtigkeit, dass wir den Pfeil erst dann ansetzen, wenn Basis und Richtung geklärt und stabil sind. Denn die gezielte Ausrichtung von Willen schränkt unsere Wahrnehmung ein Stück weit wieder ein.

Es ist deshalb von Nutzen, erst dann zu entscheiden, wenn wirklich vollständig und sich gegenseitig ausschließende Alternativen vorhanden sind. Allzu oft verwechseln wir „Reaktionen" (ja-nein-Impulse) mit Entscheidungen. Und ebenso oft werden uns – erst wenn der Pfeil schon ein gutes Stück weit geflogen ist – Implikationen, Alternativen und der Preis unserer Entscheidung bewusst.

Wie sehr unsere Präsenz gefordert ist, wenn es gilt, Willen bewusst auszurichten, kann folgende Übung auf einfache Weise veranschaulichen:

Übung 25: Erst entscheiden, dann handeln

Suche dir einen Beobachter, der dich in dieser Übung „coacht".
Stell dich in den Raum und verpflichte dich, keine Handlung ohne vorherige, laut ausgesprochene Ankündigung zu tun. Beginne nun, dich in dem Raum zu bewegen. Kein Schritt, keine Bewegung ohne Ankündigung („Ich werde jetzt zu der Wand hinübergehen ..."). Jede unfreiwillige Bewegung, die du oder dein Coach beobachtest, sollte

- → sofort gestoppt werden,
- → verbalisiert werden,
- → bewusst und absichtsvoll fortgeführt werden.

Du wirst staunen, wie schwer dir diese Übung mit zunehmender Komplexität fällt ...

Wenn dir die Aufgabe dennoch zu einfach vorkommt, übertrage sie auf komplexere Zusammenhänge – beispielsweise auf deine Verhaltensmuster in deiner Partnerschaft.

14.1 Die Eigenschaft tragfähiger Entscheidungen

Unser Leben ist nicht linear. Synchron befinden wir uns auf ganz unterschiedlichen Wegen in ganz unterschiedlichen Ebenen: Während wir beruflich einen Weg von Geschwindigkeit, Schlagkraft und Alleingang gewählt haben mögen, mag uns unsere Partnerschaft an den Scheideweg des Miteinander, an das bedachte und langsame Einfühlen und Anteilnehmen stellen.

Wir tendieren angesichts der Komplexität unserer Wege dazu, statt absichtsvoll zu Ent-Scheiden situativ zu Re-Agieren: Statt uns echte Alternativen für eine Wahl zu schaffen und diese Alternativen mit den anderen Wegen unseres Daseins abzustimmen, hasten wir von einer Ja-Nein-Reaktion in die andere. Es entsteht früher oder später Chaos – oder zumindest die verzweifelte Frage: Wie konnte ich nur in eine solche Situation kommen? Oder wir kommen auf dem eingeschlagenen Weg nur mühsam voran: Immer wieder die gleichen Zweifel, Hindernisse, Fragen. Kein Wunder: denn wir betrügen uns selbst um die absichtsvolle Wahl, um eine echte Ent-Scheidung. Ent-Scheidungen: Das hat etwas mit Scheideweg zu tun, nicht wahr?

Ein Scheideweg stellt dich vor mehrere gangbare Möglichkeiten, deine Reise fortzusetzen. Dein persönliches Weiterkommen ist aber nur möglich, wenn du einen der möglichen Wege wählst; und alle anderen bedingungslos hinter dir lässt. Dabei stellt sich das Gefühl des „Weiterkommens“ erst ein, wenn dir deine Wahlmöglichkeit klar geworden ist und du weißt, warum und wofür du diesen und nicht die anderen Wege gewählt hast. – Erst mit diesem Bewusstsein kannst du ohne Zögern und mit dem Gefühl innerer Kraft und Klarheit deine nächsten Schritte absichtsvoll in die gewählte Richtung tun.

Bevor deine „große Entscheidung“ gleich ansteht, verdeutliche dir die Merkmale einer tragfähigen Entscheidung, die immer auf einer absichtsvollen Wahl beruht:

1. Sorge für eine klare innere Verfassung: Der Weg muss frei sein, alle Aspekte müssen gehört und integriert sein; dazu gehören auch „ungehörte Erfahrungen“ und leise, langsame Wünsche.
   Damit soll dein Blickwinkel auf Aspekte und Wünsche gelenkt werden, die sich weniger lautstark zeigen als der vernunftgesteuerte Wille oder großer Entscheidungsdruck von außen. Beispielsweise dein Wunsch, endlich auch deine musischen Neigungen in dein alltägliches Leben zu integrieren, oder der „alte Traum“, „irgendwann einmal“ den Sprung in die Freiberuflichkeit zu realisieren.

2. „Baue“ dir eine klare Zielformulierung: Deine Frage sollte eindeutig und klar bezeichnen, worum es bei der anstehenden Entscheidung geht. Schreibe die Frage, auf die sich deine Entscheidung bezieht, am besten auf und beachte folgende Feinheiten:
   - → Formuliere deine Frage eindeutig und positiv, d.h. vermeide Verneinungen und Doppeldeutigkeiten. Verwende eine möglichst einfache Sprache.
     Beispiel: „Ich will nicht mehr arm sein.“ – Unser Unterbewusstsein ist fast taub auf dem Nicht-Ohr. Das bedeutet, dass du mit einer solchen Formulierung faktisch aufnimmst: „Ich will (mehr) arm sein.“ So war es nicht gemeint, oder? Oder: Ein Satz wie: „Ich will reich sein“ ist nicht eindeutig. Reich an Freunden? Reich an Erfahrung? Reich an Sorgen? Sage klar, was du willst! (Beachte dabei aber, was du in der Übung „Umwege“ gelernt hast: Willst du Geld oder ein Haus, eine spannende Aufgabe, ein schnelles Auto?)
   - → Achte auf die Plastizität deines Ziels: Mache dir ein detailliertes, sinnlich wirksames Bild deines Ziels.
     Beispiel: Du siehst dich bereits mit deinem „Angebeteten“ lachen und genießen: der Kerzenschein eures romantischen Abends, das Klingen der Gläser, das Lachen, die Berührungen sind dir spürbar ...
   - → Wähle für dein Ziel eine angemessene Größenordnung: Klein genug, um dein Selbstvertrauen stabil zu halten, aber groß genug, um deinen Tatendrang und Ehrgeiz zu aktivieren. Es muss eine Herausforderung sein, die dich an deine Grenzen, nicht jedoch darüber bringt.
   - → Beziehe deine Ziele auf alle Bereiche, die von dir allein gestaltbar sind.
     Beispiel: „Ich will, dass mein Chef mich zum Abteilungsleiter befördert“ – Damit greifst du in das Handeln deines Chefs ein – du wirst abhängig! Formuliere vielmehr, was du selbst steuern kannst: „Ich überzeuge meinen Chef von meinen Führungsqualitäten und zeige mich als potenzieller Abteilungsleiter, indem ich ...“
   - → Stimme vor der Ausgestaltung deiner Wahlmöglichkeiten den Rahmen ab, den deine Entscheidung haben soll. Hiermit sorgst du bereits für eine Harmonisierung dieses einen, neuen Weges mit den anderen, synchron laufenden Wegen deines Lebens.
     Beispiel: „Ich will meinen nächsten Karriereschritt in einer Art und Weise machen, die für Partnerschaft und Regeneration freie Wochenenden garantiert.“
   - → Wenn nötig und erwünscht, setze einen Zeitrahmen und definiere deine Investitionen (Zeit, Geld, Aktivität), die du mit diesem Ziel verbinden willst.

3. Formuliere dein Ziel schriftlich und überprüfe, ob alle oben beschriebenen Aspekte berücksichtigt sind.

4. Recherchiere und gestalte *echte* Alternativen in Bezug auf deinen Zielsatz (mindestens drei). Echte Alternativen sind verschiedene Handlungswege, das vorab for-

mulierte Ziel zu erreichen. Es handelt sich bei den verschiedenen Wegen dann um echte Alternativen, wenn sie

- ➜ sich gegenseitig ausschließen;
- ➜ vollwertig nebeneinander stehen;
- ➜ gleichen Informationsgrad besitzen (detaillierte Recherche, wie die Wege im einzelnen aussehen).

Eine Ja-Nein-Situation erlaubt KEINE tragfähige Entscheidung!!

5. Finde eindeutige Kriterien, anhand derer du die verschiedenen Wege (Alternativen) bewertest. Die Kriterien sollten
   - ➜ zweckmäßig in Bezug auf das Ziel,
   - ➜ integer in Bezug auf dein inneres Wertesystem,
   - ➜ im Geltungsbereich der Entscheidung liegen (Zeit und Lebensbereich).

   Schreibe diese Kriterien auf. Sie dienen dir im Verlauf des Prozesses, den du mit dieser Entscheidung beginnst, auch als Kontrollsystem.

6. Fasse dann einen unwiderruflichen Entschluss unter bewusstem Verzicht auf die übrigen Alternativen.

IV.

Sein wird zu Tun: Wähle deinen Zielweg absichtsvoll

15. Ausgangspunkt einer rückverbundenen Zielsetzung

Jetzt nutze deine Klarsicht und deinen inneren Kompass, um aus deinen Träumen Wirklichkeit werden zu lassen. Imaginiere, kreiere, wähle und richte aus. Setze deine Trümpfe auf das Spielfeld des Lebensabschnittes, der vor dir steht.

Du hast nun Zugang zu deinen Kraftquellen – je näher du in Denken, Fühlen und Handeln bei deinen inneren Aspekten bist, umso stärker bist du in Kontakt mit deiner Kraft. ... Jetzt ist es Zeit für die Entscheidung für eine der Alternativen, die du in den letzten Wochen entwickelt hast. Lass durch die Entscheidung und die planvolle Ausrichtung deiner Ressourcen deinen Traum sich materialisieren.

Zielsubstanz – das ist der Stoff, der aus dem deine Träume entstehen. Aus dieser Substanz fließt dir die Kraft zu, die dein ganzes Wesen leben lässt und sichtbar macht – vorausgesetzt, die Zielsubstanz ist ganzheitlich aus deiner persönlichen Kraft entstanden!

Die Traumfelder, die du in vorangegangenen Übungen entwickelt hast, besitzen diese Qualität. Sie sind eingestimmt auf deine inneren Werte und Wesenszüge. Sie sind eigenständig ausgewogen und vollständig.

Aus einem Traum ein Ziel zu machen bedeutet, Willen auszurichten. Dein Wille ist wie der gespannte Bogen, an den du den Pfeil deines absichtsvoll gewählten Traumes ansetzt. Die Kraft, die dich auf dem Weg zur Verwirklichung mit Antrieb und Richtung versieht. Der Ursprung dieser Kraft liegt in allen inneren Persönlichkeitsaspekten und besonders in ihrer harmonischen Verbindung. Deshalb ist es so wichtig, dass die Zielsubstanz vollständig und ausgewogen ist. Dann, und nur dann, werden all deine inneren Kräfte in die gleiche Richtung wirken und alles zur Verfügung stellen, was in dir liegt.

Wenn du dich an die Übung „Eigenschaften einer tragfähigen Entscheidung“ erinnerst, dann weißt du, dass ein wichtiges Merkmal die Nachvollziehbarkeit der Entscheidung ist. Auf jedem Weg tauchen Momente des Zögerns auf und Situationen, in denen „große Hindernisse“ wahrgenommen werden. In solchen Momenten sind wir geschwächt und neigen dazu, die ganze Entscheidung in Frage zu stellen. An diesem

Punkt ist es von unschätzbarem Wert, wenn wir rückblickend noch feststellen können, was uns dazu bewogen hat, uns so und nicht anders zu entscheiden. Letztlich überprüfen wir die Kriterien noch einmal, die wir zu den Bedingungen unserer Entscheidung gemacht haben. – Diese Kriterien plastisch und anwendbar darzustellen, ist ein wesentliches Ziel des Schrittes, der jetzt vor dir steht.

Blicke also ein letztes Mal auf die Substanz deiner Traumfelder. Jetzt bist du so weit, eine Ent-Scheidung zu fällen und dein Ziel zu formen.

Übung 26: Auswahl deines Wirkfeldes und Zielsynthese

Nimm die drei Papierbögen zur Hand, auf denen sich deine Traumfelder in den letzten Wochen geformt haben. Versetze dich für 10 bis 15 Minuten in jedes der Bilder: so tief, so plastisch, dass du dich in den Bildern bewegen und alle Einzelheiten wahrnehmen kannst. Wenn du durch alle (drei) Traumfelder gewandert bist und dich angefüllt hast mit ihrer Substanz, dann lege alle drei gut sichtbar vor dich oder hänge sie vor dich an die Wand.

Konzentriere dich nun auf die Qualitäten, die repräsentieren, WAS DIR WIRKLICH WICHTIG IST. Nimm deine höchsten Werte tief in dir auf. Befrage dann deine Fünf Inneren Persönlichkeiten, welche Gestalt diese Werte für jeden im Einzelnen annehmen. Schreibe sie als deine authentischen Entscheidungskriterien auf.

Beispiel: WAS DIR WIRKLICH WICHTIG IST: Freiheit und Vertrauen

- Für deine Feuerentität bedeutet dies: Immer wieder *neue Situationen* kennen lernen (Freiheit), diese Situationen ganz *auf dich allein gestellt meistern* und damit Selbst-Vertrauen sammeln (Vertrauen).
- Für deine Erdentität bedeutet dies: Aus der *Fülle von Möglichkeiten* (Achtung: die Fülle musst du selbst schaffen!) frei wählen können (Freiheit) und dies *im Kreise vertrauter Menschen* (Vertrauen).
- Für deine Metall-/Steinentität bedeutet dies: Dir selbst die höchste Autorität sein (= keine irdische *Autorität über dir* und deinen Werten) (Freiheit), *Sicherheit aus dem Studium* und der Kenntnis der „höheren Ordnung“ schöpfen (Vertrauen).

Und so fort ... Mit dieser Befragung konkretisierst du die Maßstäbe, nach denen du dich intuitiv richtest. Sie sind das wirksame Kriterium, nach dem du eine ganzheitliche Ent-Scheidung treffen kannst.

Lege nun eine Tabelle mit fünf Spalten an:

- In die erste Spalte trägst du die soeben gewonnenen Entscheidungskriterien ein.
- In die zweite Spalte trägst du Zahlenwerte ein, die die Gewichtung dieser Kriterien zueinander verdeutlichen. Dabei blickst du auf die Kriterien aus deiner heutigen

Sicht, mit dem klaren Bewusstsein darüber, WAS DIR WIRKLICH WICHTIG IST. Achte dabei darauf, dass die Kriterien aus den verschiedenen Pesönlichkeitsaspekten in ihrer jeweiligen Summe etwa gleich viel Gewicht bekommen.

Beispiel: Immer wieder neue Situationen kennen zu lernen (Feuer), lässt deine Lebensenergie richtiggehend sprudeln. Die Vorstellung zu reisen, die Idee, immer wieder neue zwischenmenschliche Begegnungen zu erfahren, der Traum, alle paar Monate einer neuen Tätigkeit nachzugehen, versetzen dich in schiere Begeisterung. Wenn du eine Bewertungsskala von 1 bis 5 wählst, erhält dieses Kriterium auf jeden Fall den Wert 5. – Aus der Fülle von Möglichkeiten frei wählen können (Erde) ist dir zwar auch wichtig, gleichzeitig weißt du aber um deine Fähigkeit, jederzeit improvisieren zu können – und das mit Freude – und aus noch so begrenzten Mitteln „etwas machen" zu können. Somit ist dieser Aspekt nicht so schwerwiegend wie der des „Neuen Erleben" – du gibst ihm den Wert 2.

Letztlich erhältst du eine Liste, die etwa so aussehen könnte:

Kriterium	**Wert**	**Alternative 1**	**Alternative 2**	**Alternative 3**
Neues Erleben (Feuer)	**5**			
Selbstvertrauen aus „Allein-Situationen" (Erde)	**1**			
Immer eine Fülle von Wahlmöglichkeiten haben (Feuer)	**2**			
Im Kreise vertrauter Menschen (Erde)	**3**			

Die Kriterien, die aus deiner Erdenergie stammen, haben hier in etwa das gleiche Gewicht (2+3=5) wie diejenigen, die aus deiner Feuerenergie stammen (5+1=6). Achte bei der Ergänzung um die Kriterien aus deiner Wasser-, Holz- und Metallenergie darauf, dass auch sie in ihrer Summe fünf bis sechs Gewichtungspunkte erhalten.

Wenn du mit der Liste so weit vorangekommen bist, dass alle Blickwinkel dessen, WAS DIR WIRKLICH WICHTIG IST, zahlenmäßig zueinander in Bezug gesetzt sind, geht es daran, deine alternativen Traumfelder an diesen Kriterien zu messen.

Gehe nun Kriterium für Kriterium durch und betrachte jede Alternative in Bezug auf dieses Kriterium. Setze dir wiederum eine Skala – beispielsweise von 1 bis 5, mit der du ausdrückst, wie stark die betrachtete Alternative dieses Kriterium erfüllt.

Beispiel:

- ➜ Alternative 1: Du begibst dich auf Reisen. Du löst alle Verbindlichkeiten deines bisherigen Lebens – bis auf deine Partnerschaft und deine besten Freundschaften –, verkaufst, was du besitzt, und kaufst ein Rund-um-die-Welt-Ticket. Deinen Lebensunterhalt wirst du mit Honoraren von Reiseberichten decken, für die du in deinem Heimatland bereits Rahmenverträge abgeschlossen hast.
- ➜ Alternative 2: Du ziehst mit deiner Familie und zwei befreundeten Paaren aufs Land und eröffnest ein Naturheilhaus, in dem die Gäste sich kundig machen über Heilmittel und diese auch selbst herstellen können.
- ➜ Kriterium 1: Neues Erleben.
- ➜ Kriterium 2: Im Kreise vertrauter Menschen.

Prüfe Kriterium 1: Neues Erleben ist bei Alternative 1 garantiert! Neue Länder, fremde Kulturen, ein ganz neues Betätigungsfeld – bei diesem Kriterium kannst du der Alternative 1 den höchsten Punktwert geben: 5.

Alternative 2 hält auch viel Neues bereit: ein neues Lebensumfeld, eine neue Ausprägung deiner bisherigen Tätigkeit (bisher hast du die Heilmittel selbst hergestellt und an Heilpraktiker verkauft). Verglichen mit Alternative 1 bleibt aber doch einiges im gewohnten Rahmen: deine Partnerschaft, dein Heimatland, deine stetige Berufstätigkeit und das Metier. Je nachdem, wie stark Alternative 3 hier noch „Neues" bietet, gebührt dieser Alternative also ein Punktwert von 3–4.

Bezogen auf Kriterium 2 – im Kreise vertrauter Menschen – bietet Alternative 1 jedoch so gut wie keine Erfüllung. Hier dürfte sie mit einem niedrigen Punktwert – 1 – wohl das Schlusslicht bilden.

Hinweis: Die Punktwerte, die du in diesem Schritt vergibst, haben nichts zu tun mit den Gewichtungsfaktoren der Kriterien. Du kannst die Skala hier auch größer – etwa von 1–10 – oder kleiner wählen.

Letztendlich ist deine Tabelle jetzt angefüllt mit Beziehungen zwischen Kriterien und Alternativen:

Kriterium	**Wert**	**Alternative 1**	**Alternative 2**	**Alternative 3**
Neues Erleben	5	5	3	1
Selbstvertrauen aus „Allein-Situationen"	1	4	1	3
Immer eine Fülle von Wahlmöglichkeiten haben	2	3	2	4
Im Kreise vertrauter Menschen	3	1	5	3

Jetzt geht es nur noch darum, das, was du längst weißt, sichtbar für deinen Verstand greifbar zu machen: Multipliziere die Gewichtungsfaktoren der Kriterien mit den Werten, die du den drei alternativen Traumfeldern zugewiesen hast, und addiere diese Werte:

Kriterium	**Wert**	**Alternative 1**	**Alternative 2**	**Alternative 3**
Neues Erleben	5	5 5 x 5 = 25	3 3 x 5 = 15	1 1 x 5 = 5
Selbstvertrauen aus „Allein-Situationen"	1	4 4 x 1 = 4	1 1 x 1 = 1	3 3 x 1 = 3
Immer eine Fülle von Wahlmöglichkeiten haben	2	3 3 x 2 = 6	2 2 x 2 = 4	4 4 x 2 = 8
Im Kreise vertrauter Menschen	3	1 1 x 3 = 3	5 5 x 3 = 15	4 3 x 3 = 9
Summe		**25 + 4 + 6 + 3 = 38**	**15 + 1 + 4 + 15 = 35**	**5 + 3 + 8 + 9 = 25**

Deine Entscheidung ist – nach Befragung deiner höchsten Werte und inneren Persönlichkeitsaspekte – auf Alternative 1 gefallen. – Jetzt vollziehe diese Entscheidung formal noch einmal so, wie du es in den Übungen zur Entscheidungsfindung gelernt hast. Alternative 2 und 3 werden für dich im kommenden Lebensabschnitt keine Rolle mehr spielen.

Tipps:

➜ Möglicherweise hast du, während du diesen Abschnitt erarbeitest, das Gefühl, etwas hindere dich daran, dich zu ent-scheiden. Du willst auf keines deiner wunderschönen Traumfelder verzichten. Es kann sein, dass deine Traumfelder keine vollwertigen Alternativen sind. Das heißt, in bestimmten Traumfeldern sind gewisse Aspekte deiner inneren Persönlichkeiten nicht oder nicht ausreichend berücksichtigt. Führe dann den Check auf Vollständigkeit noch einmal durch und ergänze das unvollständige Traumfeld, wenn nötig.

➜ Es kann aber auch sein, dass du dich mit Ent-Scheidungen einfach schwer tust – aus Angst, dich „falsch" zu entscheiden oder etwas zu verpassen. In diesem Fall verdeutliche dir das Bild mit dem Motorrad noch einmal: Ein Traum und ein Ziel benötigen volle Kraft – zweifelsfrei, entschlossen und aus ganzem Herzen. Wenn du in alles „ein bisschen" investierst, wirst du auch aus allem „ein bisschen" bekommen. Halbe Träume sind halb gelebt!

Vielleicht erscheint dir dieses Vorgehen steif, kompliziert und formalisiert. Das ist es auch! Das ist die Sprache und die Dimension, die deine Vernunft benötigt, um zu folgen und von „Boykott-Aktionen" abzusehen. Im Gegenteil: Wenn du deiner Vernunft in der ihr angemessenen Weise Argumente anbietest, wird sie dich in den Krisensituationen, von denen ich eingangs sprach, sogar „retten" können. Führe deshalb die Aufgabe präzise so durch wie hier beschrieben. Verteile die Wertungen spontan, intuitiv und sorgfältig. Denke nicht lange nach, streiche nicht und bessere nicht nach. Beobachte, was in dem Moment mit dir geschieht, in dem dir klar wird, auf welche Alternative deine Wahl gefallen ist.

Übung 27: Ziele wirksam formulieren

Dein Wahl ist gefallen: Vor dir strahlt ein wunderbares Traumfeld, eine ganzheitliche und integrierte Vision, die allein deinem Wesen und deinen höchsten Werten entspringt. Jetzt geht es darum, diese Vision mit Leben zu füllen und sie zu deiner Wirklichkeit werden zu lassen. Dazu wirst du das Traumfeld in ein wirksames Ziel verwandeln. – Die Art, wirksame Zielsetzungen zu formulieren, ist derjenigen ähnlich, mit der tragfähige Entscheidungen getroffen werden.

Formuliere dein Ziel nach folgenden Kriterien:

- Verwende bei wörtlichen Zielformulierungen positive Worte und Wortkombinationen, vermeide Verneinungen.
- Deine Ziele können nur von dir definiert, gestaltet und umgesetzt werden – formuliere also Ziele in den Bereichen, die du (alleine) erreichen und beeinflussen kannst (alles eine Frage der Wahrnehmung ...).
- Beschreibe den Zielzustand so detailliert wie möglich.
- Passe die Zielgröße an das Vermögen an, das du dir zutraust (zu kleine Ziele aktivieren nur einen Teil unserer Potenziale; Ziele, für die wir die Kraftquelle noch nicht vollständig entdeckt haben, können uns entmutigen).

Wende diese Form nun auf dein Traumfeld an: Betrachte dein Traumfeld als deine Zukunft. Beschreibe mittels der Zielformulierung die angestrebten Zustände und Ergebnisse. Verbinde diese Aspekte zu ein bis drei Zielsätzen und heiße deine Zukunft durch das wiederholte laute Aussprechen dieser Zielsätze willkommen.

Siehst du, fühlst du Tatkraft und Lust, dein Ziel zu erreichen? – Diese beiden Qualitäten sind die besten Indikatoren dafür, dass du ein Ziel formuliert hast, das all deine Wesenszüge im richtigen Zeitpunkt anspricht!

Tipp: Wenn dich unerwartet nun doch Zweifel überkommen, die dir einflüstern, dass du dein Ziel nur erreichen kannst, wenn ein anderer oder äußere Umstände in bestimmter Weise „mitspielen“, dann richte deine Aufmerksamkeit auf deine persönlichen Möglichkeiten, dieses „Mitspielen“ herbeizuführen. Halte gegebenenfalls Ausschau nach Zielwegen, die ganz unabhängig von diesen Personen oder Faktoren sind.

16. Die Bestimmung des Zielwegs

Ein Ziel, das sich harmonisch in dein gesamtes Wahrnehmungs- und Wertesystem einfügt und deine persönliche Entfaltung stärkt, ist unter anderem erkennbar an der Qualität des Zielweges.

Auf ein solches Ziel hinzuarbeiten heißt, dass Zeit und Kräfte reichlich zur Verfügung stehen, dass bereits das Arbeiten an diesem Ziel enthusiastisch ist und Kraft gibt: Der Zielweg selbst ist schon eine spürbare Potenzierung deiner Persönlichkeit.

Übung 28: Übersicht des Wandels: Ist-Situation und Ziel-Situation

Kläre nun mit Hilfe der Vier Kreise die qualitativen Unterschiede zwischen deiner heutigen und deiner erfüllten Situation. Damit schärfst du deine Sicht auf die Etappen, die bei deiner Verwirklichung vor dir liegen.

Betrachte die Brücke zwischen dem visionären Ziel aus Übung 27 und deiner derzeitigen Realität: Denke, fühle, beobachte dich in beide Bilder so tief hinein, dass du jede Einzelheit betrachten kannst:

- ➜ Sieh dich selbst, deine Stimmung, deine Verfassung, deine Art zu leben und dem, was dir wichtig ist, Ausdruck zu verleihen.
- ➜ Betrachte deine zwischenmenschlichen Verbindungen. Was geschieht dort, mit wem hast du zu tun, worin besteht das Gemeinsame?
- ➜ Sieh dein Wirken an: Womit beschäftigst du dich? Wie tust du das? Was zählt, während du arbeitest, wirkst, tust? Wo bestehen Zusammenhänge und wo Widersprüche?
- ➜ Und nun betrachte dein Umfeld: Erfasse in allen Einzelheiten, was dich umgibt an Natur, an Technik, an Regeln und Gepflogenheiten, an alltäglichen Dingen und an kollektiven Werten.

Notiere, was die vier Bereiche gemeinsam haben. Das sind Aspekte, die du stabiliseren wirst.

Nun betrachte, wo deine derzeitige Realität eine Vorstufe des Zielzustandes ist. Was genau unterscheidet beide Situationen? Schreibe es auf – es sind Aspekte, die erweitert werden um ganz bestimmte Eigenschaften.

Und nun geh an die Unterschiede: Widersprüche oder Absenzen: Kläre zunächst für dich, welche Aspekte deiner derzeitigen Realität überhaupt nicht mehr auftauchen in deiner Zielvision. Und seien die Unterschiede noch so gering, schreibe sie auf, denn es sind Aspekte, von denen du dich loslösen wirst.

Zuletzt notiere, welche Gegebenheiten in deinem Leben der Verwirklichung deiner Vision diametral entgegenstehen, sie vermeintlich sogar verhindern könnten (= Aspekte mit hindernden Glaubenssätzen).

Bist du so weit? – Dann solltest du jetzt sehr übersichtlich und klar die qualitativen Unterschiede zwischen deiner heutigen und deiner erfüllten Situation vor dir haben. Das könnte dann so aussehen:

	Ist-Situation	Ziel-Situation	Zuordnung
1. Kreis	Ich sage oft nicht direkt, was ich denke oder will.	Ich bin authentisch und bringe meine Interessen und meine Sichtweise zum Ausdruck.	Loslösen
	Ich denke viel nach über Konflikte und Schwierigkeiten mit anderen Menschen.	Ich lache viel.	Loslösen
	Ich bin häufig müde und dicker, als ich mich wohlfühle.	Durch meine tägliche Joggingrunde im Wald habe ich eine Figur, die mir gefällt. Mein Körper ist durchtrainiert.	Neues
2. Kreis	Meine Partnerschaft mit Y gibt mir Halt. Wir haben die Abende für uns.	Y und ich verbringen zwei bis drei ganze Tage miteinander.	Fortführen und erweitern
	Meine Freunde sehe ich zwei bis drei Mal im Monat für einen Abend.	Wir haben endlich unser V-Projekt verwirklicht. Dadurch sehe ich auch einen Teil meiner Freunde mehrmals pro Woche.	Fortführen und erweitern Neues
	Mein Sohn Z lebt bei meinen Eltern.	Mein Sohn Z lebt bei meinen Eltern.	Fortführen und stabilisieren

	Ist-Situation	Ziel-Situation	Zuordnung
3. Kreis	Für das Tennisspielen bleibt mir der Samstagnachmittag.	Ich spiele an zwei Abenden in der Woche mit meinem besten Freund P Tennis.	Fortführen und erweitern
	Anstellung bei Firma X –	Ich arbeite freiberuflich als F.	Loslösen
	mein Arbeitstag hat acht Stunden.	Ich habe eine eigene Werkstatt und arbeite in etwa 30 Stunden in der Woche dort. Dreimal im Jahr mache ich eine große Veranstaltung mit N.	Neues
	Ich lebe in der Großstadt Z, die voll von Inspiration, aber auch voller Hektik und Aggression ist.	Ich lebe mit Y und unseren Freunden G. und H. am Stadtrand auf einem renovierten Bauernhof.	Loslösen Neues
4. Kreis	Ich genieße die Frühlingstage, im Winter ist es (zu) kalt.	Im Winter verbringen wir mehr Zeit draußen. In der Natur lässt sich die Winterzeit ganz anders erleben.	Fortführen und erweitern
	Die Belastung der Natur wird mir immer unerträglicher: Täglich fahre ich über den Fluß M, der keine Fische mehr hat.	Die Gegend, in der ich wohne, hat viele Naturschutzprojekte. So nehme ich auch aktiv teil an der Verbesserung der Lebensumstände und des Umgangs mit Mutter Erde.	Neues
	Konsum ist die Religion des Umfelds, in dem ich lebe. Ich habe kaum noch Raum, mich aktiv mit übergeordneten Fragen zu befassen (Glaube, Philosphie), obwohl ich mich immer sehr dafür interessiere.	In unserer Wohngemeinschaft wird abends oft diskutiert und philosophiert.	Fortführen und erweitern

Trage die veränderten Inhalte deiner Realität nach der „Entfernung“ zu deiner derzeitigen Situation in eine Tabelle etwa dieser Art:

Stabilisieren	**Erweitern (x erweitern <u>um</u> ...)**	**Loslösen bzw. Neuentwickeln**	**Hindernisse, auf Glaubenssätze untersuchen**

Die Aspekte deiner derzeitigen Realität, die dir wie unüberwindbare Hindernisse beim Weg in deine erfüllte Wirklichkeit erscheinen, zeigen dir, wo bei deiner Arbeit mit Glaubenssätzen noch wichtige Erkenntnisse und Veränderungen offen geblieben sind.

Widme den „Einwänden“, die du hier gefunden hast, noch einmal ausführlich Zeit und Aufmerksamkeit und prüfe mit Hilfe der Hinweise in den Übungen 12 bis 14, ob sich der eine oder andere Aspekt in dieser Spalte noch aufheben oder verändern lässt. Passe die Übersicht danach entsprechend an.

Abschließend beantworte für dich folgende Fragen:
- ➜ Welche Gefühle hast du, wenn du Vision und Realität gegenüberstellst?
- ➜ Mit welcher Situation kannst du dich leichter identifizieren?
- ➜ Erscheint dir die Vision erreichbar/realisierbar?
- ➜ Würdest du sofort einsteigen, wenn dir die Zielsituation jetzt angeboten würde?

Diese Fragen in dir zu bewegen und für dich zu beantworten, offenbart dir, wo du bereit bist für Veränderung und wo du Vorbehalte oder noch Ängste hast. – Außerdem überprüfen wir ein letztes Mal die Authentizität der von dir formulierten Ziele. Es ist von großer Bedeutung, dass die Quelle deiner Zielvision ausschließlich in dir selbst liegt und dass du mit all deinen persönlichen Aspekten diese Vision bejahst. Gleichzeitig wirst du feststellen, dass sich Vision und deine innere Bereitschaft, Veränderungen tatsächlich zuzulassen, auf deinem Weg verändern werden.

Deine Vision ist lebendig. So, wie du selbst. – Wenn du für jetzt die Fragen beantwortet hast, schließe die Tür zu Zweifeln und Bedenken. Es reicht völlig aus, wach und aufmerksam zu sein, dann und dort, wo du gerade bist.

Deine Sicht auf die Inhalte der Etappen, die bei der Verwirklichung vor dir liegen, ist frei. Im nächsten Schritt wirst du beginnen, diese Inhalte in einer für dich günstigen Weise anzuordnen.

Tipps:

➜ Möglicherweise sind dir bei dieser Übung noch einmal alle „Wenn's" und „Aber's" bewusst geworden, von denen du dich bereits befreit wähntest. Glaubenssätze, die jahrzehntelang wirksam waren – und meist auch eine „zweckmäßige" Einrichtung damals –, lösen sich selten mit einem einzigen Schritt vollständig. Lass dir Zeit, dich an deine neue Freiheit zu gewöhnen. Du wirst bemerken, dass alte Glaubenssätze, die auf deinem neuen Weg plötzlich auftauchen, immer schwächer werden. Mit jedem weiteren Mal, wenn du die Einwände, Hinderer, Schreckgespenster ansiehst und an ihnen vorbeigehst, wird dein Bewusstsein klarer für das, WAS DIR WIRKLICH WICHTIG IST, und desto stärker wird auch dein Vertrauen in dich selbst.

➜ Gerade die Themen Geld, Sicherheit und Zugehörigkeit sind klassische Prüfungen auf dem Weg in ein selbstbestimmtes Leben. Alle kennen wir die Schreckgespenster von Armut, Ausweglosigkeit und Einsamkeit. Diese Gespenster sind abstrakt und leblos, solange du ihnen nicht Kraft und Leben einhauchst. Um an diesen Ängsten kraftvoll vorbeigehen zu können, hast du mit großer Sorgfalt und tiefer Innensicht deinen „Inneren Kompass" gebaut. Halte dich an ihn, denn – wie du selbst definiert hast – er zeigt immer und allein auf das, WAS DIR WIRKLICH WICHTIG ist.

Übung 29: Den Zielweg gestalten

Die Art, wie du die Unterschiede zwischen deiner derzeitigen Realität und deiner Zielvision angeordnet hast, verrät dir nicht nur, welche der Veränderungen dir leichter und weniger leicht zugänglich sind. Sie ist Ausdruck dafür, dass du deinen Weg – in seiner Anordnung, in seinen Etappen und Erfolgen – bereits in dir trägst.

In dieser Übung geht es darum, diese Anordnung in dein Bewusstsein zu rufen und als übersichtlichen, herausfordernden und freudvollen Weg zu erkennen.

Betrachte noch einmal deine „Übersicht des Wandels", die du in der vorangegangenen Übung erstellt hast. Ordne die verschiedenen Aspekte, die sich auf deinem Weg verwandeln sollen, so an, dass die Schritte, für die du dich jetzt bereit fühlst, vornan stehen – gefolgt von den Schritten, auf die deine Sicht noch nicht ganz frei ist.

➜ Gibt es Bedingungen und Ko-Relationen?

➜ Gibt es Schritte, die nach deiner Wahrnehmung zwingend zuerst die Durchführung eines anderen Schrittes erfordern?

➜ Oder gibt es Schritte, die dir so große, neue Möglichkeiten eröffnen, dass sie wunderbare Kraftspender für die weiteren Schritte werden können?

Stelle die Abfolge spiralförmig dar. Schritte auf einem gemeinsamen Spiralbogen hängen dabei thematisch, kausal oder chronologisch zusammen. Sie werden eine gemeinsame Etappe auf deinem Weg sein. Nimm dazu am besten einen großen Bogen Papier und zeichne den Weg mit seiner Schrittabfolge auf. Es könnte so aussehen:

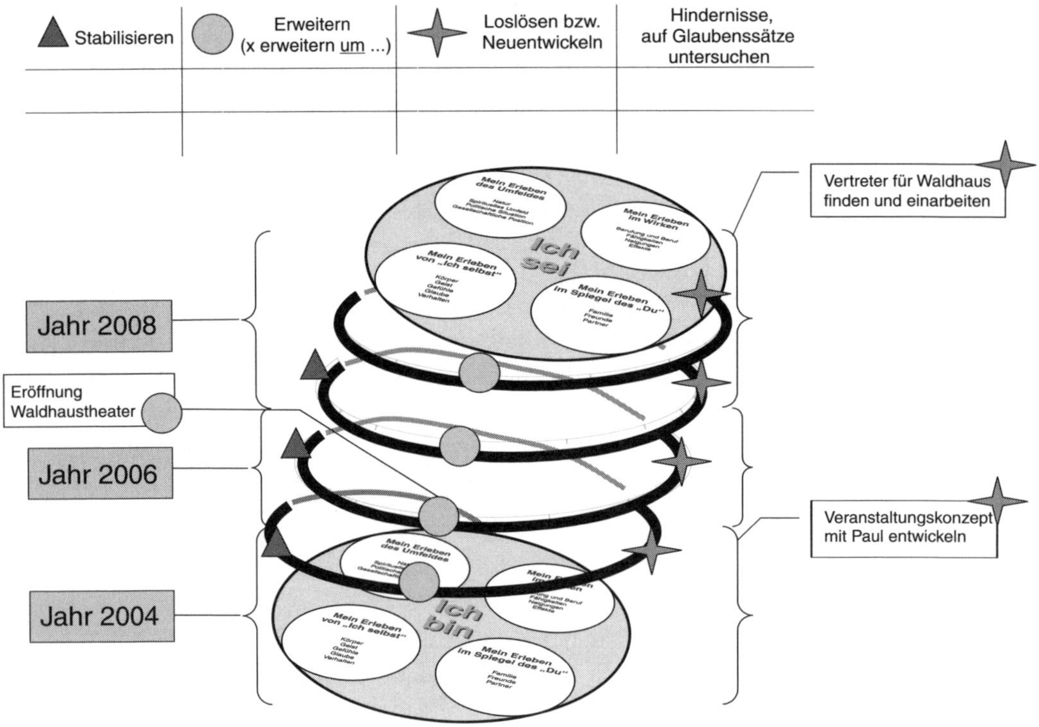

Sollten sich mehr als fünf Spiralbögen in deiner Wegskizze ergeben, sieh, ob sie sich nicht doch noch auf maximal fünf zusammenfassen lassen. Fünf Etappen haben sich in den vergangenen Empowerment-Trainings eben als sehr zutreffend und hilfreich erwiesen.

✎ Fasse die Schritte je eines Spiralbogens nun zu Etappen zusammen. Das sind Lebenssituationen, die sich auf deinem Weg ergeben und in denen ein Teil deiner Ziele bereits verwirklicht ist. Achte darauf, dass sich von den Ressourcen (auch deine Zeit und deine Kraft) und von den Ergebnissen der Etappen her in sich geschlossene, harmonische Einheiten ergeben. Harmonisch bedeutet auch, dass die besonderen Eigenschaften, Ausrichtungen und Schwerpunkte deiner inneren Persönlichkeitsaspekte in jeder Etappe ausgewogen angesprochen werden. Bilde insgesamt fünf Etappen.

✎ Beschreibe nun zusammenfassend noch einmal mittels der fünf gefundenen Etappen einen möglichen Weg von deiner jetzigen Situation in die transformierte(n) Rolle(n).

Tipp: Wenn du nicht recht weißt, wie du die einzelnen, in Übung 28 gefundenen Schritte anordnen sollst, gehe intuitiv vor. Du kannst z.B. nach „Lust" sortieren – beginnend mit den Schritten, die nach deiner heutigen Sicht ohnehin ganz dringend anstehen und auf die du besonders Lust hast. Nachdem du so eine erste Ordnung gefunden hast, kannst du dir im Nachhinein strategische Zusammenhänge verdeutlichen.

16.1 Kongruenz und Integrität von Zielen

Viele der neueren „Erfolgskonzepte" trainieren fast ausschließlich die Willenskraft. Ein „Ziel" wird definiert, gegebenenfalls „in Form gebracht" und dann werden Praktiken vermittelt und verinnerlicht, die den Willen wie einen spitzen, scharfen und sehr schnellen Pfeil auf das Ziel zuschnellen lassen. Bei all den spitzen und unbeirrbaren Willenspfeilen, die heute so durch unsere Welt rasen, wird mir oft bange. Welchen Schaden kann ein solcher Pfeil anrichten, wenn er losgelöst vom Herzen, vom Wesen seines Absenders seinem Ziel entgegenrast! Deshalb lege ich im Empowerment-Training so großen Wert auf die Herzensquelle deiner Vision und der daraus abgeleiteten Ziele ebenso wie auf eine Gegenwartsorientierung. Wenn Menschen immer nur in und für das Zukünftige leben, versäumen sie die Wahrnehmung und Freude des Gegenwärtigen.

Nicht das Ziel, sondern deine Herzenswünsche und die Ganzheit deiner inneren Persönlichkeitsaspekte sind das, was zählt. Hieraus können Ziele in vielen, wunderbaren Gestalten hervorgehen. Und den Weg auf das Ziel beschreitest du in einem Bewusstsein, das geprägt ist von der Fülle des Gegenwärtigen und der Authentizität deines Tuns.

Während der Zielweg-Gestaltung im vorangegangenen Abschnitt hast du sicher schon bemerkt, dass deine Vision und deine heutige Realität über unendlich viele Wege miteinander verbunden sind. Welchen du wählst, hängt letztlich von deinen Neigungen, deinen Ressourcen und der Qualität des Moments, in dem du wählst, ab. Auch die Formulierung von Zielen aus deiner Vision ist eine Ableitung, die ganz unterschiedlich ausfallen kann. Die Vision „Ich lebe mit meiner Familie auf dem Lande" kann zum Beispiel über die Zielsetzungen:

- „Stadtwohnung bis Oktober 2005 erfolgreich (mindestens 100.000 €) verkaufen",
- „Bauernhaus in X innerhalb der ersten drei Folgewochen nach Wohnungsverkauf kaufen",
- „Bauernhaus von Firma Y bis Mai 2006 herrichten lassen",
- „Mit Familie bis Juni 2006 einziehen und von dort aus meiner Arbeit nachgehen"

zum Ausdruck kommen. Die gleiche Vision könnte aber auch ihre Ableitung in den nachfolgenden Zielen finden:

- „Bis Oktober 2005 Forsthäuschen für Mietkauf finden (Region: Franken oder Südhessen)“,
- „Zusatzjob zur Finanzierung mit Maximalarbeitszeit von 10 Stunden pro Woche und Mindestertrag von 2.500 € pro Monat finden bis Dezember 2005“,
- „Mietkaufvertrag bis Dezember 2005 unter Dach und Fach“,
- „Forsthäuschen an den Wochenenden mit Freunden (Karl, Peter, Uwe) renovieren“,
- „Forsthäuschen mit der Familie an den Wochenenden aufsuchen und alle Wochenaktivitäten (auch Arbeit) »draußen« lassen“,
- „Zusatzjob schrittweise durch Einkommen aus Veranstaltungen im Forsthäuschen ab Dezember 2008 ersetzen“.

Die Grundlage bildet dieselbe Vision. Durch die Zielsetzung und Wegbestimmung hast du jedoch Rahmen, Zeitdimension und Ausprägungen hinzugefügt, die in der Vision nicht explizit waren. – Basis für beide Zielsysteme ist dein Herzenswunsch, naturnah mit deiner Familie zu leben und deine fünf Persönlichkeitsaspekte, die in jeder Etappe und natürlich in der Ziel-Situation ausgeglichen zum Ausdruck kommen können.

Übung 30: Logbuch Check 2

Bevor du deine GANZE Kraft nun unwiderruflich[10] auf deine Ziele und ihre Verwirklichung richtest, versichere dich in dir selbst: Prüfe noch einmal, ob tatsächlich all deine inneren Aspekte ihren Ausdruck, ihre Herausforderung und ihr Ideal leben kön-

10 Es macht Sinn, das sehr „starke“ Wort unwiderruflich hier zu verwenden: Erinnerst du dich an die Eigenschaften einer tragfähigen Entscheidung? Du hast dir viel Raum gelassen, echte Wahlmöglichkeiten zu schaffen – anders als bei einer „re-aktiven Entscheidung. Der letzte Schritt einer tragfähigen Entscheidung besteht dann allerdings im absichtsvollen Verzicht auf alle anderen Optionen. Das ist deine BESTE Wahl. Ich erzähle in den Seminaren gerne die Geschichte vom Motorcross-Fahren: Stell dir vor, du hast eine kleine Geländemaschine mit vielleicht 80 PS. Vor dir ist ein langer, sehr, sehr steiler Hang bergauf, durchsetzt von tiefen Regenrinnen und übersät mit großen Steinen. Nun stehst du vor dem Hang und willst unbedingt oben ankommen. Du nimmst dir die Zeit, alle Fahrrinnen, so genau du es erkennen kannst, zu betrachten, Dann wählst du eine Linie und gibst Vollgas. Egal, welcher übersehene Stein, welche Rinne plötzlich vor dir auftaucht: Dein ganzes Wesen ist auf den Gipfel gerichtet und wird die Hürden meistern. Wenn du nur einen Moment VOR dem Gipfel zögerst und Gas wegnimmst oder gar bremst (Hintertürchen: Soll ich doch die Spur wechseln?!), wird dir entweder der Motor versagen oder die Maschine beginnt zu schlingern. In jedem Fall kommst du in eine sehr kritische Situation. – Genauso ist es auch in deiner Situation jetzt: Bis zur Vollendung einer Etappe brauchst du ALLE Kraft, allen Glauben, alle Konzentration uneingeschränkt. Zweifel oder ein neues Überdenken deiner Wahlmöglichkeiten sind „mittendrin“ niemals heilvoll. Wenn du am Gipfel stehst (z.B. dein erstes Etappenziel erreicht hast), kannst du innehalten und prüfen, ob du deiner ursprünglichen Wahl treu bleibst oder neue Entdeckungen gemacht hast, die eine neue Entscheidung erfordern.

nen auf dem Weg, den du wählst. Vertiefe damit deinen inneren Anker, mache dir die Konsequenzen deiner Entscheidung klar und betrachte Weg und Rüstzeug.

Erstelle nun Situationsbericht Nr. 3. Vergleiche deine Aufzeichnungen von damals und aus Check 1 mit denen von heute.

Vertiefung & Verbindung der Präsenz deines GANZEN Wesens:

Begib dich in „Adlerposition": Betrachte deinen Kraftkreis aus einer übergeordneten Perspektive: Nimm deine inneren Persönlichkeiten in ihrer Eigenheit – jede für sich – wahr. Gehe dann ähnlich wie in Übung 19 vor und lasse die fünf Entitäten zusammentreffen. Zeige ihnen deinen Plan mit seiner Zielsubstanz, dem vorgesehenen Weg und den jeweiligen Etappen. Höre jede Entität hierzu Stellung nehmen.

Mit Hilfe der Darstellungen aus der Übung „Ich bin" stelle nun den Bezug zwischen den erfüllten Persönlichkeiten in dir und der gewählten Zielsubstanz her. Verwende hierbei die Technik, die du bereits zur Gestaltung deines Traumteppichs in Übung 23 gelernt hast.

Tipp: Führe diese Übung am besten in freier Natur in der Nähe zu den fünf Naturelementen durch. Sorge dafür, dass du ungestört bist und Zeit hast, dich in jede der Entitäten zu vertiefen.

Hast du all deine Gesichter für die Zukunft anhand der Element-Kontakte zutiefst erspürt? Überprüfe das, indem du einem vertrauten Gesprächspartner von deinen elementaren Persönlichkeitsaspekten und von der Art, in der du sie zukünftig zum Ausdruck bringen willst, erzählst. Lass ihn/sie mitschreiben und nachfragen – die Bilder sollen für dich und ihn/sie glasklar und spürbar sein.

Tipp: Gib deinem „Spiegel" folgende Fragen zur Hand. Sie mögen ihr/ihm als Leitfaden für das Wesentliche dienen:

1. Erkläre, WAS DIR WIRKLICH WICHTIG IST, mit folgenden Formulierungen: „Was ich eigentlich will, ist ...", „Ich bin in diese Welt gekommen für ...", „Mein Leben ist vollendet, wenn ..."
2. Wie sieht deine Vision aus? – Beschreibe sie ausführlich für jeden der vier Kreise des Seins.
3. Was tust du, um die Vision zu realisieren? – Beschreibe ganz konkret deine aktive Strategie.
4. Wie gehst du diesen Weg zur Vision? (Zielweg, Etappen und Orientierung)
   Was erlaubt dir, diesen Weg zu gehen? (Legitimation)
   Welche Wesensstrukturen, Fähigkeiten, Möglichkeiten lassen dich diese Rolle ausfüllen?

Check auf Authentizität

Um ganz sicherzugehen, dass du ein authentisches Ziel formulierst, überprüfe das Ziel auf seine Wirkung:

- ➜ Wenn du an das Ziel denkst, spürst du, wie die zur Umsetzung erforderliche Kraft dich erfüllt.
- ➜ Bereits der Weg zum Ziel erscheint dir äußerst attraktiv.
- ➜ Wenn du an das Ziel denkst, hast du den Impuls, sofort anfangen zu wollen.

Tipps: Wenn die innere Verbindung mit deinem Ziel *keine* derartige Wirkung entfaltet, solltest du ein gutes Stück zurückgehen:

1. Prüfe deine Glaubenssätze: Gibt es in deiner heutigen Wirklichkeit, die dir bestimmte Dinge verbietet, gleichzeitig einen wichtigen Wesenszug, der einen deiner inneren Aspekte darstellt? Wenn dem so ist, verändere diesen hindernden Glaubenssatz in der Art und Weise, wie du es bereits geübt hast.
2. Blicke aus Adlerposition auf deinen Kraftkreis: Stehen alle inneren Persönlichkeitsaspekte in enger Verbindung mit deinem Lebenskern, mit dem, „WAS DIR WIRKLICH WICHTIG IST"? Wenn nicht, stelle durch Modifikation Verbindung her. Oft schleicht sich in unsere Mitte „Kulturgut" ein, d.h. Werte, von denen uns GESAGT wurde, dass sie wirklich wichtig sind. Mit ihnen einher gehen auch eine ganze Menge Glaubenssätze. Bleib bei dir! Einzig zählt, WAS DIR WIRKLICH WICHTIG IST.
3. Eine dritte Ursache dafür, dass dir aus deiner Zielsubstanz nicht unmittelbar Kraft zufließt, obwohl sie durch und durch authentisch ist, könnte die Dimension deines Ziels sein. Befasse dich in diesem Fall noch einmal ausgiebig mit Übung 27 – der wirksamen Zielformulierung.

Zielkonflikte und Zielkongruenz

Dein aus dem SEIN hergeleitetes Ziel ist eine inhaltliche Synthese der verschiedenen Aspekte deiner Persönlichkeit. Möglicherweise konntest du die Synthese bisher nicht umsetzen oder nicht einmal erkennen, weil die unterschiedlichen „Wünsche" gegenläufige Handlungen und Haltungen von dir zu erfordern scheinen. Betrachte noch einmal dein Ziel.

- ➜ Wo könnte es sein, dass bestimmte Zielaspekte in Widerspruch zueinander zu stehen scheinen? Liste die Zielkonflikte auf.
- ➜ Füge hinter jeden Konflikt die Annahme, die du unterstellen musst, um hierin eine Widersprüchlichkeit zu sehen.

Beispiel:
Aspekte deiner Zielsubstanz:
→ „Ich will Journalist sein“ (bleiben) – aus Holz-Entität
→ „Ich will jedoch über andere Themen (nämlich Umwelt und Entwicklungshilfe) als bisher (Regionales) schreiben“ – aus Erd-Entität
→ „Ich will viel reisen“ – aus Feuer-Entität

Widersprüche:
→ „Wenn ich viel reise, kann ich meinen Job als Journalist (sechs Wochen Jahresurlaub) nicht halten.“
→ „Das Ressort »Umwelt und Entwicklungshilfe« gibt es bei der Zeitung, für die ich arbeite, nicht.“
→ „Wenn ich reisen will, brauche ich Geld, das ich nicht habe.“

Welche Wege findest du, sich widersprechende Ausrichtungen gleich gewichtet miteinander zu vereinen? Gestalte mindestens zwei Wege!

Beispiel:
→ „Ich verhandle eine Beschäftigung auf Honorarbasis bei meiner derzeitigen Zeitung; gleichzeitig schlage ich vor, das Ressort »Umwelt und Entwicklungshilfe« aufzunehmen. Wenn das nicht klappt, lasse ich in meine Beiträge zum regionalen Geschehen zukünftig Fragen zu diesen Themen einfließen.“

„Ich bewerbe mich bei sämtlichen Reisemagazinen und kündige meinen derzeitigen Job; ich profiliere mich dort mit meinen Spezialthemen und lege bereits vorhandene Reiseberichte vor. Ich arbeite noch neun Monate und spare ein Reisebudget für ein Jahr an. Dann bitte ich um Sonderurlaub und beginne, auf meinen Reisen über die Themen »Umwelt und Entwicklungshilfe« zu schreiben. Wenn das nicht klappt, reise ich trotzdem und verkaufe meine Berichte auf Honorarbasis an interessierte Zeitschriften.“

Wo innerhalb deines neuen Zielsystems verstärken sich Maßnahmen und Tendenzen gegenseitig? Hast du die Maßnahmen zeitlich zusammen angeordnet?

Beschreibe deinen Zielweg ausgehend von der Vision: Definiere den visionären Zustand als Ist-Situation und gehe jeweils einen Schritt zurück zum heutigen Zustand. Frage dich bei dieser Reise: „Was war Voraussetzung dafür, dass ich dort angekommen bin?“ Beginne mit dem erfüllten Zustand und gehe diesen Weg innerhalb von fünf Schritten zurück bis zu deiner derzeitigen Situation.

17. Planung und Umsetzung: Der Masterplan – Schritte in die Manifestation

Ein Plan ist die Folge einer Entscheidung. Nachdem eine aus vielen Möglichkeiten als die beste ausgewählt wurde und Zielstatus erhalten hat, gilt es, Zukunft und Gegenwart miteinander zu verbinden. Dir steht das ganze Repertoire deines Wissens, deiner Ideen, deiner Kontakte und Erfahrungen offen, deine Vision zu deiner Realität zu machen. Viele Wege führen zu deinem Ziel. Du hast dich mittlerweile für einen bestimmten Weg entschieden und ihn grob in Etappen unterteilt. Je plastischer du dir der Schritte bewusst bist, die du gehen willst, desto wahrscheinlicher ist es, dass du diese Schritte mit Erfolg und Freude tust. Plane den Weg jetzt ganz detailliert, mach dir Gedanken über Zeit, Ressourcen und Maßnahmen.

Übung 31: Fünf Schritte als Masterplan

In den Übungen „Zielweg“ und „Zielsynthese“ hast du bereits den groben Rahmen deines Zielweges gesteckt. Jetzt geht es darum, diese fünf Schritte ganz konkret zu planen. Lege auf einem großen Blatt Papier (A3 oder A2) eine Tabelle nach folgendem Schema an:

Etappen	Voraussetzungen	Zeit- und Wirkrahmen	Maßnahmen (1)	Benötigte Ressourcen	Noch zu beschaffende Ressourcen	Maßnahmen (2)	Umfeld	Effekt (Signal)
Etappe 1								
Etappe 2								
Etappe 3								
Etappe 4								
Etappe 5								

Trage zuerst namentlich die fünf Etappen ein, die du in der Zielweg-Übung gestaltet hast. Gehe danach immer erst einen Schritt mit all seinen Aspekten durch (zeilenweise), bevor du die Aspekte des Folgeschrittes betrachtest. Wenn die betrachtete Etappe aus einer Reihe von Vorgängen besteht, schreibe die enthaltenen Vorgänge explizit auf und kläre die logische und chronologische Abfolge dieser Schritte. Gehe dann entlang an dieser Abfolge von Schritten die Fragen aus den Spalten durch.

Tipp: Es geht hier erst einmal nur um die Skizzierung der jeweiligen Elemente deines Masterplans. Eingehende Tipps und Beispiele zu den Spalten findest du in den Folgeübungen, in denen es um die Ausarbeitung deiner Einträge im Masterplan geht. Die detaillierte Ausarbeitung deiner Erfolgsfaktoren – Etappen und Schritte, Maßnahmen (1) und (2), Ressourcen, Zeit- und Wirkrahmen und Effekte – wird dir dort nochmals eingehend erklärt.

Frage dich für die Etappe, die du gerade betrachtest, welche **Voraussetzung**(en) diese Etappe erfordert. Formuliere diese Voraussetzung(en) so, dass du sie eigenständig schaffen kannst. Mit Voraussetzungen sind Handlungen, Vereinbarungen, Umstände gemeint, die zur Durchführung des Schrittes unumgänglich erscheinen.

Setze für die betrachtete Etappe einen **Zeit- und Wirkrahmen**: Bestimme, wie viel Zeit du aufwenden willst, um diese Etappe zu meistern, bis wann du den Effekt der Etappe einlösen willst und inwieweit Maßnahmen dieser Etappe übergreifen dürfen in Lebensbereiche, die nicht unmittelbar mit der Zielsetzung verbunden sind.

Mit den **Maßnahmen (1)** leitest du aus den Etappen – oder deren Schritten – die einzelnen Maßnahmen ab, die du vornehmen wirst. Hier hilft dir die logische und chronologische Abfolge, die du in der Übung „Zielweg“, spätestens jedoch mit Beginn dieser Übung geklärt hast. Die Maßnahmen sollten ganz handfeste, klar definierte Aktivitäten sein, deren Aufwand und Effekt für dich kalkulierbar sind. Wenn du den Aufwand nicht „aus dem Ärmel“ einschätzen kannst, schalte eine Maßnahme vor: „Informationen für die Durchführung von Maßnahme x bei z beschaffen.“

Die Durchführungsbedingungen deiner Maßnahmen (1) haben dir bereits ein Bild davon gegeben, was du brauchst, um die Maßnahme umzusetzen. Trage diese **benötigten Ressourcen** in die entsprechende Spalte ein.

Betrachte nun deinen Ressourcenpool aus den vorangegangenen Übungen sowie deine „provisorische Ressourcenverteilung“: Welche Ressourcen hast du „frei“, um sie für die Maßnahme einzusetzen, welche Ressourcen musst du dir noch erschließen? Trage die dir im Moment noch fehlenden Ressourcen in die Spalte **Noch zu beschaffende Ressourcen** ein.

Aus dem Bedarf, manche Ressourcen noch zu beschaffen, ergeben sich weitere Aktivitäten, die du einplanen solltest. Trage in die Spalte **Maßnahmen (2)** ausschließlich Aktivitäten zur gezielten Ressourcenbeschaffung ein. Überlege an dieser Stelle, ob eine „ökonomischere“ Durchführung – also mit dem vorhandenen Ressourcenbestand – nicht auch denkbar wäre. Vielleicht durch Ersetzen der einen durch die andere Ressource? Oder durch Vereinfachung der Maßnahmen (1) an sich? Denke nach – finde den **einfachsten** Weg!

Überlege, welche Veränderung der jeweilige Schritt im Verhältnis zu deiner Ausgangsposition mit sich bringt. Male keine Extremszenarien. Beschränke die möglichen Konsequenzen auf das, was dir sehr wahrscheinlich erscheint. Vergleiche die Auswirkungen dieser Etappe mit den Grenzen, die du in der Spalte „Wirkfeld“ gesetzt hast. Hältst du diese Grenzen im Falle des Eintritts der Konsequenzen ein? Wenn nicht: Was kannst du unternehmen, um die Auswirkungen auf dein Umfeld im von dir gesetzten Rahmen zu halten, ohne den Gesamterfolg zu gefährden? Oder hast du dich bei der Grenzsetzung vielleicht um eine konsequente Ent-Scheidung gedrückt? Prüfe und trage dann die tolerierten Auswirkungen in die Spalte **Umfeld** ein. Sollten sich zusätzliche Maßnahmen zur Wirkungsbegrenzung aus deinen Betrachtungen ergeben haben, dann vermerke sie in der Spalte Maßnahmen (1).

Wie schon für das Gesamtziel, mache dir auch für jede Etappe klar, woran du den Abschluss der jeweiligen Etappe erkennst und wann du zur nächsten Stufe übergehen kannst. Konkret, nachprüfbar, unveränderlich. Schreibe die entsprechenden Merkmale in die Spalte **Effekt**.

***Tipps:* Die Voraussetzungen für den Erfolg einer Etappe erkennen und schaffen**
Schritt 1 könnte zum Beispiel bedeuten: Ich ziehe mich aus Aktivität A zurück, um meine ganze Aufmerksamkeit auf Aktivität B zu richten. **Voraussetzungen** hierfür sind, dass ...

a) „sich die Gelegenheit ergibt, aus A auszusteigen."
b) „mein Geschäftspartner, mit dem ich Aktivität A bisher betrieben habe, zustimmt."
c) „ich die entstehende finanzielle Lücke überbrücken kann."
d) „Aktivität C den frei werdenden Raum nicht automatisch einnimmt."
e) „Aktivität B überhaupt ausbaubar ist."
f) „ich mir die zur professionellen Ausführung von Aktivität B erforderlichen Ressourcen eröffnen kann."

Voraussetzung a) z.B. ist so generell, so unpersönlich formuliert, dass du möglicherweise so lange auf diese „Gelegenheit" (von außen) wartest, bis du den Glauben an dein ursprüngliches Ziel verloren hast. Deine Entscheidung, alle fünf Schritte des Weges zu gehen, ist doch schon gefallen, oder? Also nimm die Situation (selbst) in die Hand!

Voraussetzung b) lagert einen Teil der Steuerung ebenfalls aus – nämlich auf deinen Geschäftspartner und dessen Zustimmung. Allerdings liegt es an dir, ihn zur Zustimmung zu führen. Sei dir bei derartigen Formulierungen aber darüber bewusst, dass deine „Voraussetzung" selbst bereits Bedingungen enthält – im vorliegenden Falle, dass du eine harmonische Distanzierung von deinem Geschäftspartner im Sinne einer Zustimmung wünschst. Sei wachsam bei derartigen Formulierungen und überlege vorab, ob du die zu deiner Zielerreichung erforderlichen Etappen mit zusätzlichen, zielfremden Bedingungen verknüpfen willst. Solltest du dich dafür entscheiden (weil z.B. ein harmonischer Umgang mit Geschäftpartnern Teil deines Zieles ist), dann setze diese Zusatzbedingung in ein Prioritätsverhältnis zur eigentlichen Voraussetzung. Das gibt dir die Wahlmöglichkeit – im Fall, dass der Geschäftspartner nicht zustimmen sollte –, den Schritt „Rückzug aus Aktivität A" auch ohne seine Zustimmung auszuführen.

Auch die *Voraussetzungen c) und d)* bergen die Gefahr, dass du dir Abhängigkeiten vormachst, die gar nicht existieren. Während c) möglicherweise zusätzlich noch ein wenig Kreativität erfordert, hängt d) wirklich ganz ausschließlich von dir, deiner Entscheidung, Gestaltung und deiner Konsequenz ab (im Vorgriff sei gesagt: die Regeln der Verbündeten, die hier mitwirken, sind mit „Kreativität" und „Konsequenz" schon recht gut beschrieben).

Die Auslagerung der Zuständigkeit für *Voraussetzungen bzw. Formulierungen wie unter e)* im Sinne von „wenn das überhaupt möglich ist" erscheint durch die Abstraktheit der Formulierungen manchmal tatsächlich schwer steuerbar. Hierzu zwei kurze Anmerkungen: Authentische Wege bieten immer eine ganze Auswahl verschiedener Lösungswege – man muss sie nur finden, gestalten und konsequent gehen. Manchmal haben wir aber „maskierte Ziele" formuliert, d.h. Ziele, deren Kern ein ganz anderer ist, als die Formulierung suggeriert. Wenn du dir beispielsweise vorgenommen hast, im Sinne von Aktivität B Gummistiefel in der Sahara zu verkaufen, lohnt es sich sicherlich noch einmal zu überprüfen, ob es wirklich die Gummistiefel und die Beduinen sind, mit denen du dich von Herzen gerne befassen willst, oder ob es nicht eher darum geht, etwas (im Sinne von „irgend-etwas") zu erreichen, was nach deiner eigenen Vorstellung unmöglich oder absurd erscheint. Zu entdecken, dass es sich um genau eine solche Intention und eben dieses Ziel handelt, bedeutet nicht, dass das Gummistiefel-Ziel wertlos ist. Es ist nur wichtig, dass du dir bewusst darüber bist, welches Ziel du tatsächlich verfolgst. Solltest du allerdings feststellen, dass du das Ziel gestaltet hast, um jemand anderem etwas klarzumachen, dann ist dein Ziel nicht authentisch im Sinne der Übungen 18 bis 20. Erwäge dann lieber, noch einmal zur Visionsklärung zurückzugehen und deine Energie auf etwas zu richten, was dich selbst erfüllt und deine Kräfte vervielfacht.

Voraussetzung/Formulierung f) wiederum ist eine allein von dir gestaltbare Etappe, die du wenige Schritte voran weiter konkretisieren und umsetzbar machen wirst.

Setze den Zeitrahmen für deinen Masterplan

Durch die Anordnung in fünf Schritten hast du bereits eine Chronologie der Maßnahmen auf deinem Zielweg skizziert. Gehe jetzt daran, deine Zeit-Ressource detailliert zu verteilen:
Stelle zunächst fest, welche Maßnahmen zeitgleich laufen und welche voneinander abhängen. Gewichte zeitgleiche Maßnahmen untereinander nach der Wichtigkeit für das Etappenziel. Anschließend verteile die dir verfügbare Zeit entsprechend dieser Gewichtung und leite erste Zeitziele für jeden Schritt ab.
Übertrage Etappenziele und Termine in eine Zeitübersicht (Kalender oder Stundenplan).

Maßnahmen definieren

Nun, da du dir klar bist über Konsequenzen, Voraussetzungen und einzelne Elemente des ersten Schrittes, geht es daran, sich einen reizvollen Weg auszudenken, Element für Element, Schritt für Schritt umzusetzen.

Schreibe alle Maßnahmen, die du zur Umsetzung jedes Elements gewählt hast, in die nächste Spalte. Wenn dir alternative Maßnahmen einfallen, dann wähle diejenige, auf die du am meisten Lust hast, von der du die angenehmsten Erfahrungen erwartest und die dir am zugänglichsten erscheint. Wenn dir andersherum keine Maßnahmen einfallen, das jeweilige Element umzusetzen, dann wende an, was du in Übung 3 gelernt hast: Betrachte die betreffende Situation in einem Wechselspiel zwischen Distanz und Nähe, Abstraktion und Identifikation. Du wirst staunen, wie viele Lösungswege schon in dir sind, und darauf warten, von dir wahrgenommen zu werden ...

Es spielt übrigens keine Rolle, ob du für die attraktivste Maßnahme noch Dinge benötigst, die dir nicht sofort zur Verfügung stehen – um die Ressourcen kümmerst du dich im nächsten Schritt.

Benötigte Ressourcen, Wandelbarkeit und Zugriff

Hier sind sie also, deine Aktivitäten für die kommende Zeit – Aktivitäten, die du dir ausgedacht hast, die voller neuer Erfahrungen und Freuden stecken und die dich deinem Ziel auf direktem Wege näher bringen. Jetzt sieh nach, ob du alle erforderlichen Mittel und Unterstützungen hast, die du für diesen Wegesabschnitt benötigst.

Für gewöhnlich steht alles bereit, wenn wir „den Weg des Herzens“ antreten. Wir entdecken auf einmal Fähigkeiten und Möglichkeiten in uns selbst wieder, die wir entweder vergessen hatten oder über deren Nutzen wir uns nie so ganz sicher waren. An manchen Stellen erscheinen dann jedoch Bedarfe, die wir scheinbar nicht auf Anhieb decken können – häufig sind sie materieller oder zeitlicher Natur.

Notiere auf einem Extra-Blatt Papier nochmals die Maßnahmen, die für die Etappe, die du gerade betrachtest, anstehen. Überlege, was du zur Durchführung benötigst. Schreibe es neben die jeweilige Maßnahme, für die du es benötigst.

Ordne die Ressourcen folgenden Kategorien zu:

- Leistung – etwas, das durch dich hergestellt/durchgeführt werden muss, um die Maßnahme durchzuführen,
- finanzielle Mittel,
- Fähigkeit,
- Gegenstände.

Vermerke nun hinter jeder benötigten Ressourcen ein „V“, wenn dir die Ressource bereits in Qualität und Umfang zur Verfügung steht, wie du sie für die jeweilige Maßnahme benötigst, und ein „Nv“, wenn die Ressourcen nicht in benötigter Form oder in vollem Umfang zur Verfügung stehen. Trage die mit „V“ gekennzeichneten Ressourcen in deinen Masterplan ein (Spalte „vorhandene Ressourcen“).

Jede dieser Ressourcen kann durch den Einsatz von Zeit oder durch Kontaktaufnahme zu Menschen, denen die jeweilige Ressource verfügbar ist, erworben werden. Wandle die mit „nv" gekennzeichneten Ressourcen nun in Zeit- oder Kontaktdimensionen.

Beispiel:
Wenn das Ziel ist, ein Fitnessstudio zu eröffnen, benötigst du eine geeignete Räumlichkeit, die dir derzeit nicht zur Verfügung steht. Die Ressource ist in die Zeit-Dimension wandelbar, wenn du beispielsweise ein Haus besitzt, in dem du das Erdgeschoss zu einem Fitnessraum umbaust, oder in die Kontaktdimension wandelbar, wenn du Kontakt zu jemandem suchst, der dir einen geeigneten Raum zur Verfügung stellen kann. Die Wandlung erzeugt in der Regel die Notwendigkeit zusätzlicher Maßnahmen. Achte darauf, dich nicht in Sekundärzielen zu verzetteln (s. Tipps aus Übung 44 und nachfolgend).

Ergänze deinen Masterplan um diese zusätzlichen Maßnahmen in der Spalte „Benötigte Ressourcen".

Tipps:
- → Achte darauf, dass die hier benannten Ressourcen Bezug zu den Maßnahmen haben, die du vorher aufgelistet hattest.
- → Bleibe großrahmig: Es interessiert hier nicht jede Kleinigkeit, auf die du Zugriff hast. Ziel ist, herauszufinden, wie du das, was du hast, am effizientesten zur Erreichung deines Ziels einsetzt.
- → Vermeide Umwege: Die Maßnahmen, die du hier planst, sollten nicht dazu führen, dass du Sekundärziele („um zu") bildest. Wenn du eine Ressource mittels einer anderen beschaffst (z.B. Einsatz von Geld zum Erwerb einer Sache), dann nur, wenn der Besitz der erworbenen Ressource per se Teil deines ursprünglichen Ziels ist.
- → Vermeide die Formulierung von Ressourcen, die von Handlungen oder der Haltung eines anderen abhängen. Du kannst es immer so gestalten, dass es allein deine eigene Handlung und Haltung betrifft.

Übung 32: Verbündete

In Übung 9 hattest du bereits deine Verbündeten für die jeweiligen Zieletappen aufgerufen. Es sind die Menschen, Begebenheiten und eigene Qualitäten, die dir für bestimmte Aufgaben Kraft verleihen. Verfeinere diese Ergebnisse mit Bezug auf die einzelnen Maßnahmen: Sieh nach, welche Maßnahme die besondere Präsenz eines deiner Verbündeten erfordert und trage diesen Verbündeten sowie dessen Regel in deinen Masterplan ein. Bei der Regel achte bitte darauf, dass du zum einen genau bezeichnest, welchen Beitrag du von deinem Verbündeten wünschst, und zum anderen, mit welchem eigenen Beitrag du den Verbündeten für dich gewinnst.

Beispiel:
Es geht darum, einen komplizierten Sachverhalt vor einer größeren Zuhörerschaft überzeugend zu vermitteln. Einer deiner Verbündeten hierbei ist eine Person unter den Zuschauern, der eine Art Promotorposition gegenüber den anderen Zuhörern hat. Seine Meinung zählt viel. Außerdem gibt es einen dir innewohnenden Verbündeten: deine Überzeugungskraft und Begeisterung.

Eine Regel bezogen auf den personifizierten Verbündeten könnte sein, dass der Promotor besondere Aufmerksamkeit von dir wünscht. Beschreibe genau, wie du ihm diese zukommen lassen willst. Eine Regel für deinen Verbündeten „Überzeugungskraft" könnte sein, dass du vollkommen authentisch bist, während du die Zuhörerschaft zu überzeugen suchst. Prüfe den Inhalt dessen, was du vermittelst, darauf, ob du vollständig hinter dem stehst, was du vermitteln willst. Erforsche deine innere Verfassung im Moment des Vortrags und bemühe dich, ihr Ausdruck zu verleihen, statt dich zu verstellen.

Übung 33: Zieletappen und Signale

Beschreibe für jedes Etappenziel einen sinnlich wahrnehmbaren Beweis, der dich wissen lässt, dass du bekommen hast, was du wolltest.

Durchlaufe den Prozess von Übung 45 bis 50 für alle fünf Schritte, bis dein Masterplan vollständig ist und du dir über alle Zusammenhänge bewusst bist. Und dann leg los ...

* * *

Viele Menschen pflegen die erstaunliche Überzeugung, dass der richtige Weg zum Ziel ein beschwerlicher ist, auf dem es gilt zu opfern, zu kämpfen und auszuharren. Wenn du auch der Überzeugung bist, dass sich deine Kräfte auf diese Weise am besten entfalten, dann hast du deinen Plan sicherlich entsprechend ausgelegt. Solltest du jedoch das Experiment wagen wollen, deinen Weg leicht, freudvoll, spannend im besten Sinne und gespickt mit wertvollen, genussreichen Begegnungen am Wegesrand zu gestalten, dann versieh jeden Schritt auf deinem Weg mit den Qualitäten, mit denen du auch das Ziel selbst gestaltet hast. – Die Person, die du sein wirst, wenn du am Ziel bist, lebt bereits in dir. Lasse sie wirken und wachsen auf dem Weg ...

V.

Ausblick

18. Lassen, was war – offen für das Neue

18.1 Leben ist Wandel

Alle Achtung: Du hast dir den Raum und die Zeit für dich und die Gestaltung deines Lebens genommen, die du brauchtest. Das Empowerment-Training sollte dir dabei eine kleine Hilfe sein, „richtig hinzugucken" – dir essenzielle Punkte in deinem bisherigen Leben bewusst zu machen, dir Wege zu deinem Wesen mit all seinen Aspekten zu zeigen und nicht zuletzt: die Grundlage für ein freieres, freudvolles und vollständiges Leben zu legen.

Das Wissen um den Kern deiner heutigen Existenz, um das, WAS DIR WIRKLICH WICHTIG IST, wird dir unvergleichlichen Rückhalt und Klarsicht geben auf deinem weiteren Weg. Auch die Bewusstheit über deine vielseitigen, zentralen Wesenszüge mag dir nun unmittelbar zugänglich und einsetzbar sein.

Beachte wohl, dass Leben Wandel ist. Deine inneren Entitäten mögen ihre Verfassung und ihr Verhältnis zueinander über die Zeit verändern und entsprechende Erfahrensräume für dich schaffen. Es ist deine Aufgabe, die Ausrichtung deines Willens stets in Balance zu halten mit deiner Durchlässigkeit für das Neue. Der Drehpunkt dieser Balance ist das, WAS DIR WIRKLICH WICHTIG IST.

Immer wieder wirst du Situationen entdecken, die von dir fordern, das Alte hinter dir zu lassen, Vergehen und Abschied stattfinden zu lassen, um wie Phönix aus der Asche mit der Kraft der Ungebundenheit das Neue zu wagen. Wenn du Abschied nimmst, tue es bewusst und vollständig. Wenn du aufbrichst in das Neue, tue es in einer beobachtenden, vertrauenden Haltung, frei von Vorurteilen und Ängsten. Es gibt keinen besseren Führer als deine Seele, das Gewahrsein dessen, WAS DIR WIRKLICH WICHTIG IST. Es gibt keine Sicherheit außer dieser.

Es wird Zeiten der aktiven Ausrichtung, des Ausdrucks und des TUNS geben, in denen dein Masterplan den inneren Kompass im Außen ergänzt. Und es wird Zeiten geben, in denen das reine SEIN dich in das Sterntalerprinzip befördert. In diesen Phasen geht es darum, in deiner Mitte zu ruhen, zu sein, und nur die Hände offen zu halten für die reichen Geschenke des Lebens.

Es ist wichtig, nach Erreichung von Etappenzielen innezuhalten, zu rekapitulieren und stolz auf das Vollbrachte zu sein.

In Zeiten der Orientierungssuche magst du dieses Buch wieder zur Hand nehmen – oder ein anderes. Oder du begegnest einem Menschen, der in der Lage ist, deinen Wandlungsprozess zu katalysieren: einem Coach. Sei achtsam, wenn du dich in das Wechselspiel mit einem solchen Katalysator begibst, nicht jedeR ist geeignet, Wandel zu fördern:

18.2 Wie funktioniert Coaching, das dauerhaft Power bringt?

Mittlerweile gibt es so viele unterschiedliche Formen, sich Unterstützung von außen zu holen, wie Sand am Meer: Coaching, Trainings, Therapie, Projektwerkstätten. Körperebene, musische Ansätze, Analyse, kognitive Ansätze usw. Und schon bilden sich „Fakultäten“, die eine Alleinwahrheit in Anspruch nehmen wollen. Dass es in diesem hoch subjektiven, auf die Struktur und Situation des Individuums bezogenen Prozess jedoch eine „Alleinwahrheit“ geben kann, ist unwahrscheinlich. Vielmehr kommt es nach meiner Beobachtung vor allem darauf an, dass Methode und Anwender zueinander passen, damit Methode und Weg zum gewünschten Erfolg führen.

In meiner eigenen Tätigkeit als Coach sowie auch im Austausch mit anderen Coachs und Teilnehmern habe ich allerdings die Beobachtung gemacht, dass es Faktoren gibt, die regelmäßig eine positive Wirkung erzeugen – positive Einstellung im Hinblick auf die anhaltende Klarheit und innere Motivation des Teilnehmers, die Annahme seiner inneren Mechanismen, die Authentizität in der daraus resultierenden Lebensplanung sowie erfolgreiche Handlungen zu deren Verwirklichung.

Folgende Faktoren können eine kleine Orientierungshilfe für Teilnehmer einerseits, Coachs und Trainer andererseits sein:

Der Umgang mit „schlechten" Erfahrungen

Am Anfang steht die Blickrichtung, die übergeordnet eingenommen wird und die so entscheidenden Einfluss auf den weiteren Verlauf des Coachings nehmen kann.

Nach meiner Auffassung wurde in vielen Therapie- und Beratungskonzepten der so genannten „Aufarbeitung" – dem Ausgraben, Beleuchten, Analysieren vergangener und leidvoller Erfahrungen – viel zu viel Bedeutung beigemessen. Geht man von einer Weltanschauung aus, die die Sinnhaftigkeit alles Seienden voraussetzt und Liebe – die göttliche wie die menschliche – zum Grundprinzip hat, dann bedeutet „Aufarbeitung" im gängigen, therapeutischen Sinne nicht mehr, als Aufmerksamkeit in ein negatives Gefühl oder Erleben zu richten. Stattdessen empfehle ich die Ausrichtung nach vorne, nachdem eine stabile Position, eine Balance im Jetzt geschaffen wurde. Was bringt es, zu beurteilen, was war? Geht es nicht darum, Zufriedenheit jetzt und hier zu gewinnen? Und erreiche ich dies nicht allein schon dadurch, dass ich das, was jetzt ist, in einer konstruktiven, positiven Weise annehme und einsetze? – Deshalb halte ich es in einem Coaching für außerordentlich wichtig, diese Blickrichtung – aus dem Hier und Jetzt nach vorne – zu fördern und beizubehalten.

Vertrauen als Basis für das Gelingen

Mit dem Vertrauen, dass auch Ereignisse und Erfahrungen, die als äußerst leidvoll empfunden wurden, allein dazu dienen, uns zur Einheit, zur Erfüllung unseres Selbst zu führen, macht das Bedauern, das Re-Produzieren von Schmerz keinen Sinn. Da helfen auch Bezeichnungen wie „Umgehen" oder „Verarbeiten" nicht.

Hingegen wirkt spontane Einsicht, dass die Durchkreuzung unserer (damaligen) Wünsche uns bei der Erforschung unseres Selbst weitergebracht hat und damit näher zu unserer Erfüllung, unmittelbar konstruktiv. Sie führt uns zur nächsten Stufe auf unserer ganz persönlichen Reise.

Dieses Urvertrauen in Liebe und Sinnhaftigkeit alles Seienden, das in mannigfachen Gestalten in allen Religionen und Kulturen dieser Welt als der Schlüssel zum Gelingen vermittelt wird, gibt so reiche Hinweise zur Meisterung der Stufen unseres Lebens.

Eine Therapie oder ein Coaching, das auf ebendieser Einsicht beruht und bestrebt ist, in Phasen der Orientierungssuche oder des Nicht-Verstehens (meist als Schmerz wahrgenommen) Klärung und gestaltende Energie wiederherzustellen, wird zu einer raschen Integration der gemachten Erfahrungen führen. Und mit diesem „Annehmen" wird die Sicht frei nach „vorne".

Wo ist „vorne“?

Auch hier ist ein wichtiger Aspekt wirksamer Unterstützung zu beachten: Wo vorne ist, kann nur der/die wirklich wissen, der/die sich auf dem Weg befindet. Jeglicher Versuch, den Fragenden *inhaltlich* zu beraten, ist letztlich Manipulation – wenn auch häufig unbewusst und unbeabsichtigt. Sobald der Coach oder Therapeut „Vorschläge“ zu Richtungen und Lösungswegen einbringt, projiziert er seine eigene Richtung und wahrgenommene Welt. Daher ist es meines Erachtens wichtig, dass der Fragende unterstützt wird in der Konkretisierung und Formulierung seiner eigenen inneren Bilder und Visionen. Oft stehen Ängste, vermeintliche Zwänge oder scheinbar hinderliche Erfahrungen im Weg. Der Coach hat dabei lediglich die Aufgabe, die Sicht des Fragenden zu schärfen – nicht aber selbst zu sehen. Oft ist die Lösung schon offenbar, wenn die Barrieren bewusst wahrgenommen werden. Denn durch deren explizites Erkennen relativiert sich meist ihre Bedrohlichkeit – und die Sicht wie der Weg auf die inneren Visionen und Ziele werden frei.

Die Freiheit der selbstbestimmten Lebensgestaltung

Bei der Konkretisierung von Zielen und vor allem von Zielwegen kann dem Fragenden dann die ganze Tragweite seiner Freiheit bewusst werden – vorausgesetzt, er fokussiert nicht voreilig oder begrenzt seine Wahlmöglichkeiten auf den Raum, den Ängste, Vorurteile und Erfahrungen lassen. Hier halte ich es für ganz entscheidend, dass der Coach stärkend einwirkt, ohne Richtungen zu präferieren.

Bei der Zielbildung geht es vor allem darum,
- die Wahrnehmung und nüchterne Betrachtung von Blockaden zu stärken;
- die Entdeckung und Entwicklung persönlicher Potenziale und Ziele zu unterstützen;
- Zuversicht und Experimentierfreude bei der Neu-Definition des „Möglichen“ zu entwickeln.

In dieser Kernphase des Coachings gilt es allein, Selbstvertrauen, Kreativität und Zuversicht zu fördern, um zu einer Bewusstwerdung der vielfältigen Wahlmöglichkeiten zu kommen. Erst wenn hier alle Räume, alle Varianten, die dem Wesen des Fragenden innewohnen, wahrgenommen und erreichbar sind, ist die Phase der Weitung von Aufmerksamkeit erfüllt, kann Aufmerksamkeit zielführend gebündelt werden. Wenn dann Klarheit, Freiheit und innere Kraft den Zeitpunkt einer Entscheidung markieren, wird ein Wendepunkt erreicht. Erst dann kann die im Inneren gesammelte Kraft und Klarheit zu authentischer und kreativer Produktivität führen.

Verantwortung als Voraussetzung für Selbstbestimmtheit

Der Coachee fällt eine Entscheidung. Die Tragfähigkeit dieser Entscheidung kann formal – und nur formal – vom Coach geprüft und gefördert werden. Tragfähige Entscheidungen – das ist die bewusste Wahl eines bestimmten Weges und Ziels unter Verzicht auf Alternativen. Das ist die Bündelung aller Ressourcen und ihre eindeutige Ausrichtung. Das ist die Anerkennung und Integration von Konsequenzen. Kurzum: Auf einer Basis von Klarheit und Willen findet Wahl statt. Die Wahl leitet über in Aktion. Wenn an diesem Punkt Coachee und Coach auf den Aspekt der (Selbst-)Verantwortung achten, d.h. Alternativen-Verzicht, mögliche Konsequenzen (auch im Umfeld des Teilnehmers) und vorbehaltloser Einsatz erkannt und bewusst angenommen werden, sind die Erfolgschancen für die Verwirklichung der Vision sehr, sehr hoch.

Die Faktoren für einen erfolgreichen Coachingprozess

Zusammenfassend lassen sich also folgende Faktoren als Grundlage für einen konstruktiven Klärungs- und Stärkungsprozess ableiten:

Für den Coachee	Für den Coach
→ Bedürfnis des Entdecken-Wollens (nicht des Hilfe-Suchens)	→ Zeitlich eindeutig begrenzte Begleitung bei Umsetzung des Zielweges durch dezidierten Coachingfahrplan (inhaltlich und zeitlich) → Unabhängigkeit und Selbstbestimmtheit des Teilnehmers – nicht Anlehnung, Zuflucht und Abhängigkeit sind die aufrechten Ziele eines Coachings
→ Blick nach vorne	→ Methodische Unterstützung beim Blickrichtungswechsel
→ Vertrauen in das eigene Erleben und in dessen Sinnhaftigkeit	→ Methoden zur Klärung und Strukturierung des vorhandenen Glaubenssystems vermitteln
→ Annehmen der geschaffenen Situation → Erkennen vorhandener Ressourcen	→ Führen in einer Balance an zugewandter Stärkung von Selbstvertrauen und Zuversicht einerseits und an aufmerksamer Strenge bei der aufrichtigen und vollständigen Wahrnehmung von Selbstbegrenzungen andererseits
→ Explizite Eigenverantwortung	→ Konkrete Unterstützung bei der Lösung innerer und äußerer Konflikte (Mediation)

Für den Coachee	Für den Coach
→ Perspektiven erkennen und bewusst wählen	→ Inhaltliche Neutralität
→ Tun, was zu tun ist: Umsetzungsorientierung	→ Klare Kompetenzwahrung: bei Bedarf Vermittlung von Ressourcen und Know-how, die die Kompetenzen des Coachs überschreiten

Übung 34: Logbuch Check 3

Zu Beginn des Buches hattest du aufgeschrieben, was du erwartest. Bevor du nachsiehst, was du dort geschrieben hast, überlege dir, was du faktisch bekommen und entdeckt hast:

Blicke noch einmal in aller Ruhe und mit Stolz zurück auf den Weg, den du jetzt schon zurückgelegt hast:

- → Welche Entdeckungen hast du bezüglich deiner inneren Überzeugungen gemacht?
- → Inwieweit fühlst du dich aus jetziger Sicht fremdbestimmt?
- → Wie betrachtest du jetzt deine derzeitige Lebenssituation?
- → Wie erfährst du dich heute selbst? Was sind deine besonderen Eigenschaften und Eigenheiten?
- → Welche Gefährten gibt es in deinem Leben? Was sind deren besondere Eigenschaften? Und was hast du damit zu tun?
- → Hast du eine Vorstellung von deiner Berufung?
- → Siehst du den Weg in die Erfüllung deiner Berufung vor dir?
- → Hast du vor, bestimmte Aspekte deiner derzeitigen Lebenssituation zu verändern? Wenn ja: Welche?
- → Für den Fall, dass du für deinen veränderten/neuen Weg noch nicht alle Ressourcen „zusammen hast“: Hast du eine Idee, wo du sie finden könntest?

Nimm nun den Vertrag, den du zu Beginn des Buches für dich mit dir geschlossen hast, wieder zur Hand. Lies, was du geschrieben und erwartet hast.

- → Haben sich deine Vorstellungen erfüllt? Woran, meinst du, liegt das?
- → Hat sich an deiner grundsätzlichen Sichtweise etwas geändert? Was genau?
- → In welchem alltäglichen Kontext kannst du Methoden, die du hier gelernt hast, noch verwenden?

19. Der nächste Schritt

Der erste Schritt ist gemeistert .... Du bist nun vertraut mit den wesentlichen Aspekten deines inneren Wesens und deiner Vision. So weit, wie es für deine derzeitige Situation gerade richtig ist. Eine Reihe von Werkzeugen zur wiederkehrenden Überprüfung deiner ursprünglichen Zielausrichtung, der Effizienz deiner Maßnahmen und Herangehensweisen steht dir zur Verfügung.

Sieh deinen Masterplan an: Er repräsentiert deine Wünsche und Überzeugungen zu diesem Zeitpunkt. Und er ist allein dein Produkt. Zögere nicht, ihn immer wieder zu überprüfen und zu ergänzen. Um sicherzugehen, dass du alle Aspekte in dir selbst berücksichtigst, wende das Werkzeug des Empowerments an, wenn du Änderungen einfügst.

Ein Konzept ist immer so wertvoll wie seine Wirkung. Was jetzt ansteht, ist die Realisation der Erkenntnisse und Vorhaben, die du im Empowerment entdeckt hast. Marschiere einfach los. Zweifel, Bedenken, Ängste sind Produkte deines Kopfes – deine Vision und dein Masterplan sind Produkte deiner gesamten Persönlichkeit. Du wirst überrascht sein, wie viel Unterstützung du erhalten wirst, wenn du authentisch bist.

Der Weg des Empowerments ist ein stetiger. Mit diesem Buch hast du deine Blickrichtung und dein Repertoire, ein erfülltes Leben eigenständig zu gestalten, wesentlich verändert. Und weiter gilt es, zu forschen und die Geheimnisse deines Lebens zu entdecken. Du bist ein einzigartiges Wesen und niemand kann dir besser zeigen, welches der Weg DEINES Herzens ist, als du selbst. Somit mag ich dir noch auf deinen fried- und freudvollen Weg geben, dass du einen untrüglichen Kompass in dir trägst und mit unendlichem Reichtum an Wissen, an Chancen und Fähigkeiten ausgestattet bist. Denk dran und genieße deine Kraft!

Mach was draus!

Anhang

Glossar

Arbeit, Beruf, Berufung – Diese Begriffe stellen einen Zusammenhang dar. Zum einen sind sie die drei Erscheinungsformen ein und desselben Phänomens: TUN. – Während *Berufung* das individuelle Wirken auf der Ebene des *„Ich bin und wirke"* repräsentiert, ist *Arbeit* seine Erscheinungsform auf der Ebene des *„Ich tue, um zu ..."*.

Im Empowerment-Prozess spreche ich immer wieder von einer Evolution: Aus der bewussten Wahrnehmung des SEINS als „Ich bin" entsteht eine Tendenz, dieses persönliche SEIN zum Ausdruck zu bringen durch TUN. Dasjenige TUN, das in vollständigem Einklang mit dem vorher wahrgenommenen SEIN steht, ist die *Berufung*. Durch die absichtsvolle Ausrichtung der inneren Kräfte auf ein bestimmtes TUN kann sich ein *Beruf* definieren – ein Wirkfeld also, für dessen Handhabung es besonderer Qualitäten und Fähigkeiten bedarf, die im Laufe der Zeit entwickelt und verfeinert werden. Zudem macht der Beruf die Berufung nach außen sichtbar. Die *Arbeit* letztlich ist die aktive Ausführung des Berufs. – Der Zusammenhang dieser drei Ebenen ist essenziell für den Empowerment-Prozess.

Authentizität – Authentisch zu sein heißt, echt, ohne Verstellung oder Anpassung das SEIN im TUN Ausdruck finden zu lassen. Authentisch zu sein und zu handeln bedeutet, in innerer Harmonie zu sein.

„Echtheit, Unverfälschtheit", das bedeutet in diesem Zusammenhang, dass die Ebenen SEIN, TUN und HABEN einer Persönlichkeit widerspruchsfrei übereinstimmen.

Weder auf Verhaltens- noch auf Zielebene werden „Anpassungen" der inneren Persönlichkeit, ihrer Werte und Maßstäbe vorgenommen.

In dieser strengen Formulierung kann dies Bestreben sein – nicht Forderung an den IST-Stand –, denn unsere innere Widersprüchlichkeit ist ja das Triebwerk für unsere persönliche Entwicklung.

Deine Regel ist dein Wesen – Dies ist eine Aufforderung zur Authentizität und absichtsvollen Freiheit. Sie bezieht sich auf die Ebene des Urteilens und Handelns, wonach Maßstäbe (Urteil) und Handlungsimpulse ALLEIN der inneren Persönlichkeit und dem, was ihr WIRKLICH WICHTIG ist, entspringen. In aller Konsequenz ist dies die Aufforderung, keine andere Regel zu akzeptieren (keine Notwendigkeiten, Kausalitäten, Bedingungen).

Die Regel des Verbündeten – Verhalten, Situation oder Maßnahme, mit der du die besondere Präsenz eines deiner Verbündeten bewirken kannst.

Eigenverantwortung – Bewusstheit über die faktische Selbstbestimmtheit der persönlichen Lage. Letztlich sind es deine Interpretationen von dem, was dir begegnet, die festlegen, was dir erfahrbar wird. Eigenverantwortung impliziert die Wahrnehmung von Wahlfreiheiten, also der Spielräume, die dir für deinen persönlichen Entscheidungs- und Handlungsraum offen stehen. Diese liegen allein bei dir, in deinem Leben, nicht in der Persönlichkeit oder Verhaltensweise anderer Menschen, nicht in Umweltgegebenheiten, die du für unabänderlich hältst.

– Eigenverantwortung bedeutet in diesem Zusammenhang erstens, dass die Wirklichkeit, die uns widerfährt, allein von uns, aus unserer eigenen Kraft gestaltbar ist. Das schließt die Möglichkeit, andere mit Schuld oder Pflicht für eigene Belange zu belegen, aus. Zweitens fordert die Größe „Eigenverantwortung" das Einstehen für das, was wir sind und bewirken. Damit kommt sie der Größe „Authentizität" sehr nahe. Somit verbieten sich Begründungen, Entschuldigungen, Modifikationen für das, was wir wollen, sind und wirken.

Entität – Eine Entität ist eine in sich vollständige Einheit mit spezifischen Eigenschaften. Die visionären Persönlichkeiten sind Entitäten. Sie haben eine Erscheinungsform, prägnante Charakteristika, Aufgaben, Fähigkeiten und einen Wirkkreis.

Entscheidung – Eine Entscheidung ist die absichtsvolle Wahl aus verschiedenen Alternativen unter Verzicht auf alle nicht gewählten Alternativen. Merkmale einer tragfähigen Entscheidung sind:

1. klare innere Verfassung: der Weg muss frei sein, alle Aspekte gehört und integriert sein – dazu gehören auch „ungehörte Erfahrungen" und leise, langsame Wünsche.
2. Basis für die Entscheidung ist eine eindeutig und klar abgegrenzte Frage. Diese Frage ist entsprechend den Kriterien, die ein Ziel zu erfüllen hat, zu formulieren.
3. Die Wahl bezieht sich auf mindestens drei echte Alternativen. Echte Alternativen sind verschiedene Handlungswege, das vorab formulierte Ziel zu erreichen. Es handelt sich bei den verschiedenen Wegen dann um echte Alternativen, wenn sie
   - ➜ sich gegenseitig ausschließen,
   - ➜ vollwertig nebeneinander stehen (gleicher Umfang/Ziel-Wirkgrad),
   - ➜ gleichen Informationsgrad besitzen (detaillierte Recherche, wie die Wege im Einzelnen aussehen).
4. Die Wahl erfolgt mit Hilfe eindeutiger Kriterien, anhand derer die verschiedenen Alternativen bewertet werden. Die Kriterien sollten:
   - ➜ zweckmäßig in Bezug auf das Ziel sein,
   - ➜ integer in Bezug auf dein inneres Wertesystem und
   - ➜ im Geltungsbereich der Entscheidung liegen (Zeit und Lebensbereich).
5. Eine Entscheidung schließt ab mit einem unwiderruflicher Entschluss, die nach den Kriterien „beste" Alternative als Ziel zu wählen unter bewusstem Verzicht auf die übrigen Alternativen.

Merke: *Eine Ja-Nein-Situation erlaubt KEINE tragfähige Entscheidung!!*

Essenzen, Essenzkarten – Ganz bestimmte Konstellation von Umständen, die eine *Momentaufnahme* für dich zu etwas Besonderem macht. Und das ist von der tatsächlichen Situation unabhängig – könnte sich also an anderem Ort, zu anderer Zeit ebenso intensiv wiederfinden. – Die Essenz ist Basis für viele verschiedene Formen, dieses Glücksmoment zu reproduzieren.

Fünf Wandlungsphasen – Werkzeug zur ganzheitlichen Bewusstwerdung und Harmonisierung innerer Wesenszüge. Abgeleitet aus der Systematik der Traditionellen Chinesischen Medizin (TCM), ein energetisches System der Wandlung zwischen Yin und Yang beschreibend.

Gewichtungsfaktoren – erlauben eine rationale Priorisierung. Rational, weil vor der absichtsvollen Wahl einer Option Kriterien definiert werden, die für die anliegende Entscheidung relevant sind. Die Gewichtungsfaktoren stellen einen Bezug her zwischen diesen Entscheidungskriterien. – Ein solches Vorgehen erlaubt die ganzheitliche Einbeziehung verschiedener Einfluss- oder Entscheidungsgrößen in einem komplexen Zusammenhang.

Glaubenssatz, Überzeugungen, Interpretationen – Glaubenssätze sind Annahmen über die Wirklichkeit. Sie verkürzen Wahrnehmung, indem Situationen auf wenige „Signale" reduziert werden und zu immer gleichen Interpretationen führen. Sie sind die Säulen, mit denen du die Vier Kreise definierst. Mit ihnen begrenzt du den Raum, in dem deine Wirklichkeit stattfindet, und du hast mit ihrer Hilfe über all die Jahre definiert, was wirklich, was möglich, was kausal ist. Jenseits dieser Glaubenssätze hört deine Wirklichkeit auf.

Innerer Kompass – Hauptwerkzeug des Empowerments nach E.L. Rosenfeld, das zur Verankerung im authentischen Wesenskern dient. Bestehend aus vier Komponenten:
➜ Vier Kreise des Seins,
➜ Glaubenssystem,
➜ Fünf Entitäten,
➜ Geliebtes Tun, Essenzen und Traumfeld.

Kraftkreis – Darstellung der fünf persönlichen Entitäten mit ihren Eigenschaften – angeordnet um den verbindenden Kern „WAS DIR WIRKLICH WICHTIG IST".

Logbuch – Instrumente im Empowerment, die die Veränderung von Haltung und Verhalten dokumentieren und beides im Nachhinein nachvollziehen lassen.

Masterplan – Ein Masterplan ist die chronologische und organisatorische Darstellung von Maßnahmen zur Zielerreichung. Er ist wie eine Landkarte, mit der du aus der Planung in die Umsetzung kommst, Schritt für Schritt.

Ein Masterplan ordnet Maßnahmen inhaltlich und zeitlich so zueinander an, dass innerhalb eines „großen" Zielweges kleinere Schritte und Zwischenziele definiert und Ressourcen geplant werden können.

Meilenstein – Wichtiges Zwischenergebnis auf dem Zielweg.

Momentaufnahme – Ist der Moment eines Erlebnisses, in dem du durch und durch glücklich warst.

Phänomen Phönix – Erst nach dem vollständigen Zusammenbruch des Alten und einer Phase der Leere entfaltet sich die Kraft des Neubeginns maximal.

Phänomen Sterntaler – Aus einer zentrierten SEINs-Haltung heraus ergeben sich ohne Anstrengung und bewusste willentliche Manipulation Situationen, in denen uns die Ressourcen für den gerade relevanten Schritt „in die Hände fallen". Halten wir allzu sehr an etwas fest, sind unsere „Hände" nicht frei, zu empfangen. Unsere Aufmerksamkeit, unsere Kraft oder unsere Mittel sind gebunden, der Sternenregen versiegt oft unbemerkt.

Ressource – Ressourcen sind Mittel und Chancen, die eingesetzt werden können, um ein Ziel zu verfolgen und zu erreichen. Auch Zeit und Kraft sind Ressourcen.

– Mittel und Potenziale, die zur Verwirklichung von Plänen zur Verfügung stehen.

Rituale – Rituale haben die Funktion, unterbewusstes Wissen freizusetzen. Durch komplizierte „rituelle Handlungen und Abläufe", die rational nicht fassbar und keinem „Zweck" zuordbar sind, wird unser „rationaler Wächter" für die Welt „wie sie ist" (in den Grenzen unseres Glaubenssystems) durch Reizüberflutung lahm gelegt. So können wir jenseits seiner Kontrolle und seines Bestrebens, die gesetzte Glaubenswelt aufrechtzuerhalten, in Bereiche vordringen, die sich im „Alltagsbewusstsein" nicht erschließen.

Schatten – Persönlichkeitsaspekte, die von uns selbst negativ beurteilt und deshalb vor der Umwelt versteckt gehalten werden. Schatten finden sich häufig als Spiegelung in der Umwelt wieder, d.h. wir begegnen unseren eigenen verneinten Eigenschaften im Verhalten anderer Menschen.

Spiegelung, Schatten – meint die mannigfache Spiegelung und Wiederholung der immer gleichen Prinzipien auf allen Ebenen der Wahrnehmung. Zum einen verständlich im Spruch: „Wie du in den Wald hineinrufst, so schallt es zurück". Und zum anderen in der Beobachtung, dass sich Strukturen wiederholen – so tief man auch dringen und zerlegen mag: das Universum gespiegelt im molekularen Zusammenspiel, ein ethnisches Muster gespiegelt im einzelnen Menschen dieser ethnischen Gruppe (detaillierter nachzulesen in Einführungen zum Buddhismus und zu den Veden).

Traumfeld – Dein Traumfeld ist der Raum, der dir zur Verfügung steht, um dein Leben zu gestalten. Er enthält alle Möglichkeiten, alle Fähigkeiten, Begegnungen, Begebenheiten und Ideale, die dich als Wesen ausmachen. Ein Traumfeld enthält viele Lebenswege, die für dich authentisch sind. Es ist an dir, einen Weg aus den vielen zu wählen.

Untergang und Neubeginn – Die Strategie der „offenen Hintertürchen" oder der „Absicherung des Neuen vor dem Bruch mit dem Neuen" hat einen Nachteil: Sie eröffnet niemals tragfähige, wirklich neue Perspektiven, sondern Wiederholungsschleifen. – Das Bild eines Raumes, den du neu einzurichten versuchst, bevor du das ganze „alte Gerümpel" beseitigt hast, mag hier hilfreich sein. Und gerade das Gefühl des „leeren Raumes" – der Moment NACH dem Ende und VOR dem Anfang – verhilft uns in eine Position, in der Neues wirklich entstehen und sich entfalten kann. (Nur leere, offene Hände können empfangen.) In dieser Phase – die so lang sein sollte, wie du es aushältst – sammelt sich Kraft, deine Kraft, die irgendwann so entflammt, dass sie als manifestierende Kraft durchbricht und nicht mehr aufzuhalten ist. Dann setzt der Phönix zum Flug an. Das Gefühl, im „leeren Raum" zu sitzen, ängstigt die meisten Menschen, denn wir sind darauf „gedrillt", immer ein paar Karten im Ärmel zu haben. Aber es sind eben nur Karten – keine Perspektiven ...

Varianzen, Varianzkarten – Varianten des Wirkens und Seins sind Aktivitäten und Zustände, die alle die Eigenschaften enthalten, die ein bestimmtes Erlebnis für dich besonders wertvoll machen. Du kannst Varianten kreieren, die du noch nicht erlebt hast, von denen du aber schon lange träumst.

Verbündeter – Menschen, Begebenheiten und eigene Qualitäten, die dir für bestimmte Aufgaben Kraft verleihen. Um diese Kraft in deinem Sinne zu aktivieren, musst du die *Regel des Verbündeten* befolgen.

Vier Kreise – Ganzheitliche Darstellung der vier Kernbereiche in unserem Leben, durch die wir uns erfahren mit den Erfahrungsfeldern:
➔ *Ich selbst*
➔ *Mein Erleben mit „Du“*
➔ *Mein Erleben im Wirken*
➔ *Mein Erleben des Gesamtzusammenhangs/der größeren Ordnung*
Wie du diese Vier Kreise erlebst, was sie beinhalten und wie sie ineinander verzahnt sind, bestimmt letztlich die Kraft deines Wesens, deine Wahrnehmung von „Ich bin“. Ihre gesamte Struktur ist definiert über dein System an Glaubenssätzen.

Vision – Eine Vision ist ein inneres Bild, das einen (noch) nicht realisierten Zustand darstellt. Sie ist unabhängig von äußeren Bedingungen, stammt aus dem rückverbundenen Wesenskern und trägt ein hohes Energiepotenzial. Wenn du vor deinem inneren Auge eine echte Vision hast, scheint dein Herz über deine physischen Grenzen hinauszuwachsen.

Vision und Ziel – Der Unterschied zwischen Vision und Ziel ist, dass ein Ziel die Vision selbst mit der aktuellen Realität verbindet. Das impliziert eine Entscheidung und die willentliche Ausrichtung, eine Vision zu realisieren. Um hierin erfolgreich zu sein, ist es hilfreich, die Ziele mit bestimmten Qualitäten zu definieren.

Wille – Wille zeigt sich in der absichtsvollen Ausrichtung von Energie. Auf visionärer Ebene ist Wille in den Leitidealen der Entitäten implizit. Auf der Zielebene ist Wille die Kraft, die dich auf dem Weg zur Verwirklichung mit Antrieb und Richtung versieht.

Wirklichkeit – im Sinne von Empowerment zu betrachten als Wirk-Lichkeit: die Wirkung der Glaubenssätze und Überzeugungen, mit denen wir Schwerpunkte, Gesetze und Regeln unseres Erfahrungsraumes (aktiv!) setzen.

Ziel – Ein Ziel beschreibt angestrebte Zustände und Ergebnisse. Bei der Zielbildung wird ein inneres Bild (die Vision) mit der außen wahrgenommenen Realität verbunden. Es erfolgt eine zeitliche Anordnung, bei der der aktuelle Zustand vor dem Zielzustand liegt. So bekommt die Vision Bezug zur aktuellen Situation, den Mitteln, die zur Verfügung stehen, zu zeitlichen und sozialen Faktoren.
Formuliere dein Ziel nach folgenden Kriterien:
➔ Positive Formulierung.
➔ Aus eigener Kraft steuerbar.
➔ Detailliert beschreibbar.
➔ Angemessen, glaubwürdig.

Zielsubstanz – Das ist der Stoff, der aus deinen Träume entsteht.

Ziele haben „Substanz“, d.h. sie enthalten den authentischen Ausdruck eines oder mehrerer Wesenszüge. So erzeugt jeder Schritt auf dem Zielweg Energie und die Manifestation des Ziels ist Erfüllung. – Aus dieser Substanz fließt dir die Kraft zu, die dein ganzes Wesen leben lässt und sichtbar macht – vorausgesetzt, die Zielsubstanz ist ganzheitlich aus deiner persönlichen Kraft entstanden

Literatur

Carnegie, D.: *Freu dich des Lebens!* Die Kunst, beliebt, erfolgreich und glücklich zu werden. München: Droemer 1985
Day, L.: *PI.* Praktische Intuition. München: dtv 1998
Elworthy, S.: *Mit sanfter Macht.* München: Hugendubel 1999
Fromm, E.: *Die Furcht vor der Freiheit.* München: dtv 1990
Gruen, A.: *Der Verlust des Mitgefühls.* München: dtv 1997
Krishnamurti, J.: *Die Zukunft ist jetzt.* Letzte Gespräche. Frankfurt/M.: Fischer Tb-Verlag 1992
Krishnamurti, J.: *Einbruch in die Freiheit.* Berlin: Ullstein 1969
Kushi, M.: *Neun Sterne Ki.* Astrologie. Völklingen: Verlag Ost-West Bund 1984
Macy, J.: *Die Reise ins lebendige Leben.* Paderborn: Junfermann 2003
Miller, A.: *Am Anfang war Erziehung.* Frankfurt/M.: Suhrkamp 1980
Mohl, A.: *Der Zauberlehrling.* Paderborn: Junfermann [8]2003
Perry, D.: *Krieger des Herzens.* Eine Schulung zur friedlichen Konfliktlösung. Freiburg: Verlag Alf Lüchow 1991
Reich, W.: *Charakteranalyse.* Köln: Kiepenheuer & Witsch 1989
Riemann, F.: *Grundformen der Angst.* Eine tiefenpsychologische Studie. München: Ernst Reinhardt Verlag 1995
Rosenberg, M. B.: *Gewaltfreie Kommunikation.* Aufrichtig und einfühlsam miteinander sprechen. Paderborn: Junfermann [4]2003
Sachs, B.: *Nine Star Ki.* A Timeless System of Discovering Life, Prosperity and Love. Longmead: Element Books 1992
Schulz von Thun, F.: *Miteinander Reden 1.* Störungen und Klärungen. Allgemeine Psychologie der Kommunikation. Reinbek: Rowohlt-Tb 1990
Schulz von Thun, F.: *Miteinander Reden 2.* Stile, Werte und Persönlichkeitsentwicklung. Differentielle Psychologie. Reinbek: Rowohlt-Tb 1990
Sivaraksa, S.: *Saat des Friedens.* Bielefeld: J. Kamphausen Verlag 1995
Wilhelm, R. (Übers. der Gesamtausgabe): *I Ging.* Das Buch der Wandlungen. München: Diederichs 1956

Für Rückmeldungen zum Buch freue ich mich. Ebenso über Interesse an Coachings, Workshops oder am Networken:

Sguides Network Deutschland
Dipl.-Kffr. Evelin Rosenfeld
Gritznerstraße 62
12163 Berlin
Tel.: ++49 30 89 72 32 02
Fax: ++49 30 13 89 28 46
www.sguides.com

Bewußtheit durch Bewegung

ANNA TRIEBEL THOME

FELDENKRAIS
Bewegung – ein Weg zum Selbst
Einführung in die Feldenkrais-Methode mit Übungs-CD
€ (D) 18,00
96 S. • kart. • ISBN 3-87387-511-X

Das Buch
Durch die Feldenkrais-Methode die eigenen Grenzen erfahren und sie überwinden: gewohnte Bewegungen erkennen, neue Bewegungsmöglichkeiten erlernen, um frei wählen zu können. In einprägsamen Lektionen werden dem Leser Bewegungsangebote vermittelt, die zu selbständigem Lernen – der Voraussetzung für die körperliche, geistige und seelische Entwicklung eines Menschen – anregen.

Das Buch wurde 1988 zum ersten Mal veröffentlicht. Es hat mit nunmehr 11 Auflagen eine große Leserschaft erreicht und gilt mittlerweile als Klassiker, was die Einführung in die Feldenkrais-Methode betrifft. Die Neuauflage wird durch eine CD ergänzt, die den Leser durch einen von der Autorin geleiteten Feldenkrais-Prozeß führt.

Die Autorin
Anna Triebel Thome unterrichtet die Feldenkrais-Methode seit nunmehr 20 Jahren, sowohl in freier Praxis als auch als Professorin für Bewegungsbildung an der Universität der Künste, Berlin. Im Jahre 1975 begegnete sie Dr. Moshe Feldenkrais, der sie in seinen Methoden „Bewußtheit durch Bewegung" und „Funktionale Integration" ausbildete.

Mehr über uns und unsere Bücher erfahren Sie unter: **www.junfermann.de**

JUNFERMANN
Postfach 1840 • D-33048 Paderborn
Tel.: 05251-13 44 -0 • Fax: -44
eMail: infoteam@junfermann.de

www.junfermann.de
www.active-books.de
www.multimind.de